David Wohlhart – Michael Scharnreitner – Elisa Kleißner

EINS PLUS

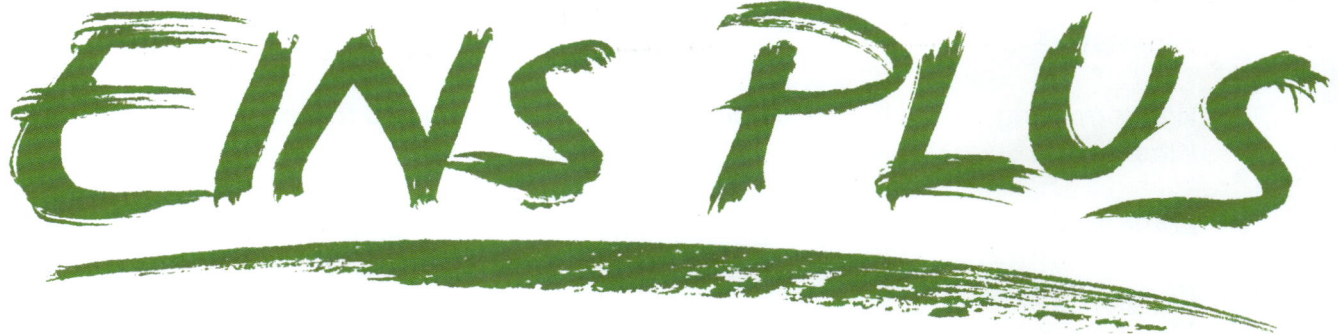

Mathematik für die 3. Klasse der Grundschule

Arbeitsheft

HELBLING

Inhaltsverzeichnis

PHASE 1

Wiederholung Klasse 2

Zahlenraum 1000

Einfache Plus- und Minusaufgaben

1. **Herzlich Willkommen!** — 5
   Wiederholung des Rechnens im Zahlenraum 100, Tausch- und Umkehraufgaben, Sachrechnungen erfinden und lösen

2. **Zahlen bis 1000** — 11
   Struktur des Zahlenraums, Stellenwertsystem, Darstellung durch Legematerial, Symbole und auf dem Zahlenstrahl, Durchgliedern des Zahlenraums

3. **Kopfrechnen im Tausender** — 16
   Berechnen einzelner Stellenwerte, Nutzen von Analogien, Runden auf Zehner oder Hunderter, Überschlagsrechnungen

4. **Plus und Minus im Tausender** — 21
   Halbschriftliche Rechenverfahren zur Addition und Subtraktion im Zahlenraum 1000, Nutzen von Rechenvorteilen, Veranschaulichung von Operationen mit Balkenmodellen, Lösen von Sachaufgaben

5. **Zeig, was du kannst!** — 25
   Wiederholung der Kapitel 1 bis 4

PHASE 2

Malnehmen und Teilen bis 1000

Ebene Figuren und Längenmaße

Rechnen mit Geld

6. **Figuren und Formen** — 30
   Ebene Figuren, Symmetrie, Figuren beschreiben und zeichnen, Zeichnen und Messen mit dem Lineal, Längenmaße Zentimeter und Millimeter

7. **Malnehmen und Teilen** — 34
   Halbschriftliche Verfahren für die Multiplikation und die Division, Rechenvorteile, Balkenmodelle, Sachaufgaben

8. **Längenmaße** — 38
   Kilometer, Kommaschreibweise m, cm, Orientierung auf Landkarten, Sachaufgaben

9. **Rechnen mit Geld** — 40
   Euro und Cent, übliche Schreibweisen, Kommaschreibweise, Sachaufgaben, Mini-Projekt

10. **Zeig, was du kannst!** — 43
    Wiederholung der Kapitel 6 bis 9

Inhaltsverzeichnis

PHASE 3

Schriftliche Addition

Körper und Gewicht

Schriftliche Subtraktion

11. Schriftliche Addition — 47
*Schriftliche Addition ohne und mit Übertrag,
Addition von Kommazahlen,
Überschlagsrechnung,
Sachaufgaben*

12. Geometrische Körper — 51
*Würfel, Quader, Prisma, Kegel, Zylinder, Kugel,
Ansichten im Raum, Baupläne und Bauwerke,
Würfel- und Quadernetze, Geometrie im Kopf*

13. Gewicht — 55
*Maßeinheiten: Gramm, Kilogramm, Tonne,
Repräsentanten für Gewichte, Wägen,
Sachaufgaben*

14. Schriftliche Subtraktion — 57
*Schriftliche Subtraktion ohne und mit Übertrag,
Ergänzungsverfahren,
Rechenvorteile,
Probe durch Addition,
Sachaufgaben*

15. Zeig, was du kannst! — 62
Wiederholung der Kapitel 11 bis 14

PHASE 4

Geometrische Muster

Daten, Tabellen, Schaubilder

Uhr, Zeitpunkt, Zeitdauer

16. Umfang, Flächen und Muster — 66
*Messen von Umfängen, Parkettierungen,
Muster, Ornamente, Orientierung auf Karten*

17. Daten und Zufall — 69
*Schlüsselbilder, Umfragen,
Balken- und Säulendiagramme,
Grundbegriffe der Wahrscheinlichkeit,
Zufallsexperimente*

18. Zeitpunkt und Zeitdauer — 72
*Angabe von Uhrzeiten, Zeitpunkt, Zeitdauer,
Stunden, Minuten und Sekunden,
Umwandlung von Zeitmaßen,
Rechnen mit Zeitmaßen*

19. Rechentricks — 75
*Rechenvorteile bei der Addition,
Subtraktion und Multiplikation,
vorteilhaftes Rechnen*

20. Zeig, was du kannst! — 78
Wiederholung der Kapitel 16 bis 19

ANHANG

Subtraktion: Abziehverfahren — 83

Lösungen – Hole dir deinen Stern! — 86

So funktioniert dein Mathematikbuch

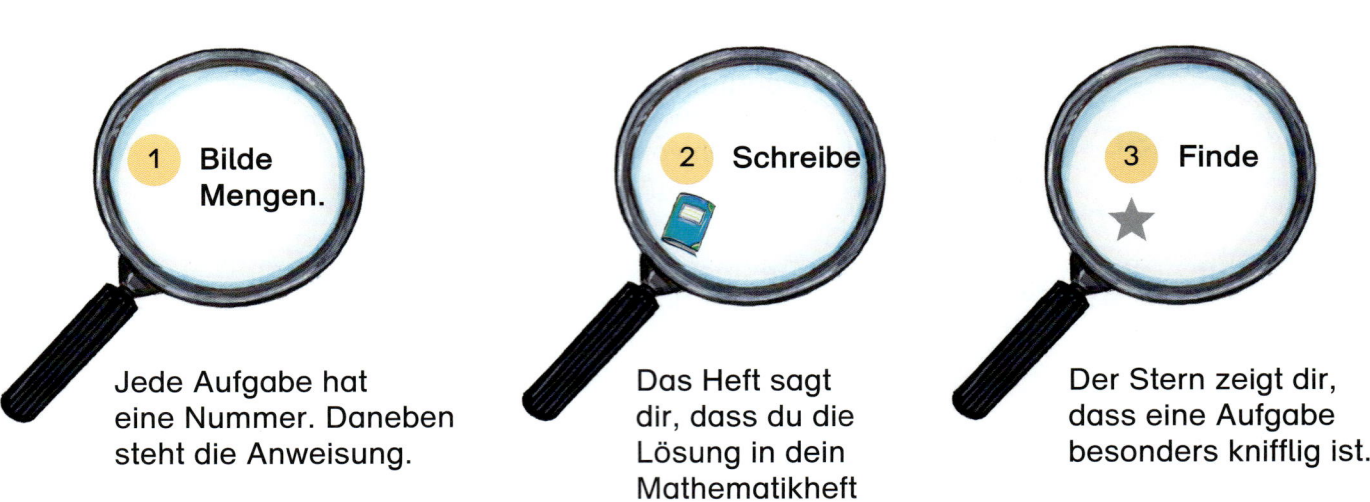

1 Bilde Mengen.
Jede Aufgabe hat eine Nummer. Daneben steht die Anweisung.

2 Schreibe
Das Heft sagt dir, dass du die Lösung in dein Mathematikheft schreiben sollst.

3 Finde ★
Der Stern zeigt dir, dass eine Aufgabe besonders knifflig ist.

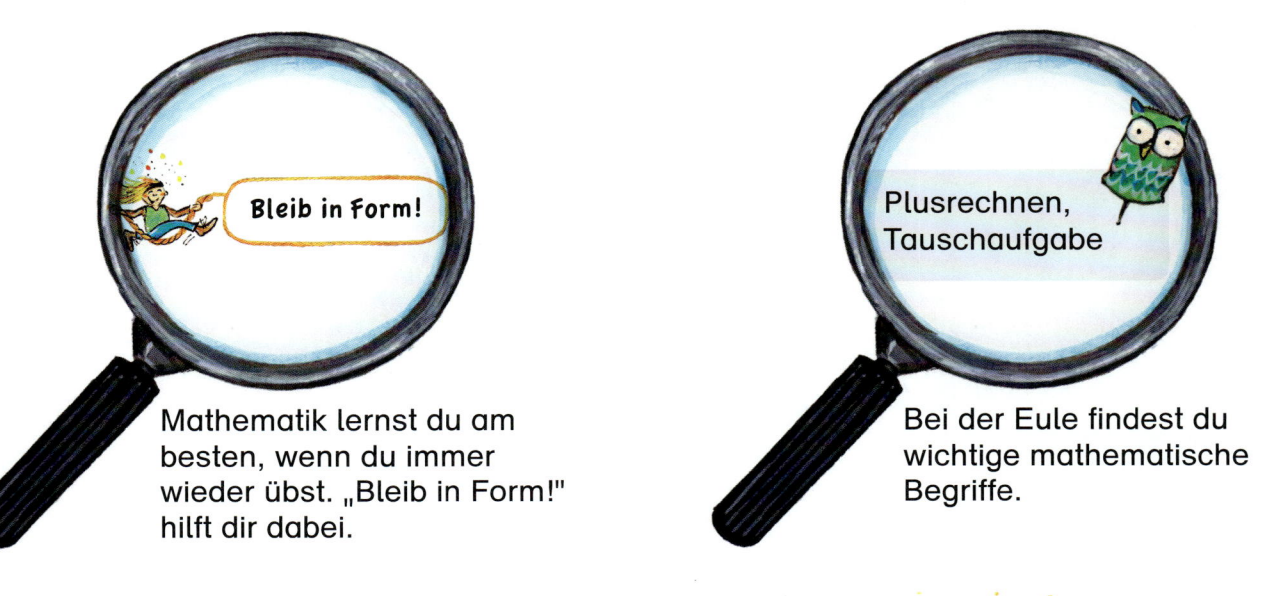

Bleib in Form!
Mathematik lernst du am besten, wenn du immer wieder übst. „Bleib in Form!" hilft dir dabei.

Plusrechnen, Tauschaufgabe
Bei der Eule findest du wichtige mathematische Begriffe.

Cedric und seine Freunde begleiten dich durch das Schuljahr.

1. Herzlich Willkommen!

1 Welche Zahlen sind dargestellt?

Z ... Zehner
E ... Einer

a)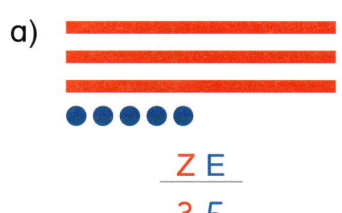
Z E
3 5

b) Z E
___

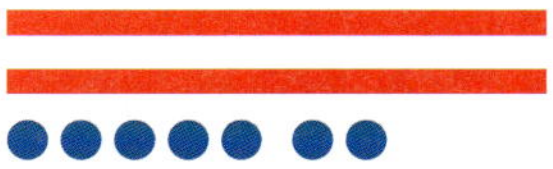

c) Z E
___

d) Z E
___

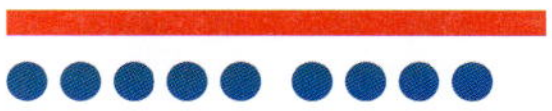

e) Z E
___

2 Stelle die Zahlen dar.

a) 4 Z 1 E   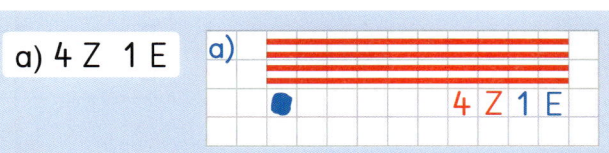   b) 5 Z 6 E   d) 3 Z 4 E

c) 2 Z 8 E   e) 7 Z 5 E

3 Setze <, > oder = richtig ein.

15 < 23   53 ◯ 35   100 ◯ 24   37 ◯ 73
70 ◯ 50   19 ◯ 20   95 ◯ 95   48 ◯ 29
42 ◯ 42   63 ◯ 91   8 ◯ 80   62 ◯ 26
60 ◯ 40   18 ◯ 81   99 ◯ 98   33 ◯ 33

< ... ist kleiner als
> ... ist größer als
= ... ist gleich

4 Setze <, > oder = richtig ein.

20+10 ◯ 30   90−60 ◯ 10   40+8 ◯ 84   70−3 ◯ 73
50+50 ◯ 50   40−20 ◯ 20   70+5 ◯ 75   90−8 ◯ 82
30+40 ◯ 90   30−30 ◯ 60   20+4 ◯ 16   40−6 ◯ 24
10+10 ◯ 30   80−50 ◯ 30   30+6 ◯ 39   30−5 ◯ 36

Darstellung und Vergleich von Zahlen im Zahlenraum 100

1. Herzlich Willkommen!

1 Rechne und kontrolliere selbst. Immer zwei Rechnungen haben das gleiche Ergebnis.

30+20= 50 ○	○ 50−10= ___	
10+70= ___ ○	○ 80−30= 50	
20+20= ___ ○	○ 90−40= ___	
60+30= ___ ○	○ 100−10= ___	
40+10= ___ ○	○ 80− 0= ___	

0+ 0= ___ ○	○ 80− 0= ___
20+40= ___ ○	○ 90−30= ___
70+10= ___ ○	○ 70−40= ___
40+30= ___ ○	○ 60−60= ___
10+20= ___ ○	○ 100−30= ___

2 Rechne.

31+6= ___   12+4= ___   93+5= ___   85−3= ___   54−3= ___

54+2= ___   83+2= ___   71+4= ___   48−4= ___   36−6= ___

45+4= ___   91+6= ___   64+3= ___   79−3= ___   87−2= ___

3 Rechne.

16+4= ___   28+2= ___   75−5= ___   84−4= ___

16+6= ___   28+5= ___   75−6= ___   84−6= ___

63+7= ___   87+3= ___   43−3= ___   62−2= ___

63+9= ___   87+5= ___   43−6= ___   62−4= ___

Bis zum Zehner. Dann weiter.

4 Rechne.

68+4= ___   49+6= ___   22−5= ___   77−8= ___   90−6= ___

36+5= ___   74+9= ___   91−4= ___   42−9= ___   61−3= ___

27+8= ___   55+7= ___   65−8= ___   34−5= ___   84−7= ___

Bleib in Form!

5 Zähle weiter in 10er-Schritten.

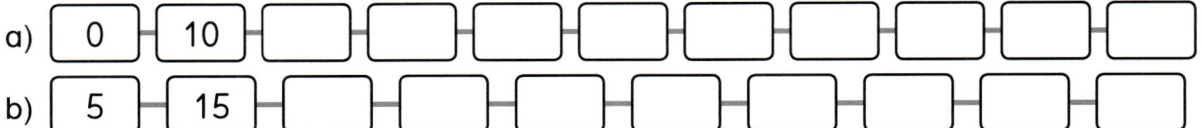

a) 0 — 10 — ___ — ___ — ___ — ___ — ___ — ___ — ___ — ___ — ___

b) 5 — 15 — ___ — ___ — ___ — ___ — ___ — ___ — ___ — ___ — ___

Rechnen im Zahlenraum 100
3) Die obere Rechnung hilft jeweils beim Lösen der unteren Rechnung.

1. Herzlich Willkommen!

1 Rechne. Wie hilft dir die obere Aufgabe bei der unteren?

23+10= ___	64+20= ___	35+60= ___	53+10= ___
23+12= ___	64+24= ___	35+61= ___	53+15= ___
65−20= ___	87−30= ___	96−20= ___	78−50= ___
65−24= ___	87−34= ___	96−25= ___	78−53= ___

2 Rechne.

51+14= ___   93−32= ___   16+51= ___   77−42= ___   52+32= ___

32+25= ___   78−15= ___   43+45= ___   68−15= ___   27+51= ___

65+33= ___   45−25= ___   27+32= ___   93−92= ___   34+63= ___

3 Rechne die Beispiele aus dem „Rechenbuch der Affenschule" und schreibe kurze Antworten.

a) Zwei Affen sammeln Kokosnüsse.
Ein Affe hat 25 Nüsse gesammelt,
der andere erst 14.
Wie viele Nüsse haben sie zusammen?

R: _14+_____   A: _Sie haben_____

b) Auf einem Baum sitzen 25 Papageien.
Ein frecher kleiner Affe wirft eine Kokosnuss nach ihnen.
Da fliegen 8 Papageien weg.
Wie viele Papageien sind noch auf dem Baum?

R: _____   A: _____

c) Bongo bekommt zwölf Bananen von seiner Mama.
Seine kleine Schwester will von ihm drei Bananen haben,
Bongo gibt ihr aber keine.
Wie viele Bananen hat Bongo?

R: _____   A: _____

d) Die 21 Affen des Ginko-Baumes und die 15 Affen des Sabal-Baumes
treffen sich am Wasserloch.
Wie viele Affen sind insgesamt am Wasserloch?

R: _____   A: _____

Rechnen im Zahlenraum 100, Sachaufgaben

1. Herzlich Willkommen!

1 Rechne.

a) 23+77= ___ b) 59+13= ___ c) 47+15= ___ d) 66+28= ___
   12+59= ___   19+72= ___   49+38= ___   34+38= ___
   48+24= ___   51+29= ___   15+17= ___   45+19= ___

2 Rechne.

a) 45-27= ___ b) 78-49= ___ c) 55-27= ___ d) 58-25= ___
   29-28= ___   42-37= ___   63-48= ___   59-33= ___
   84-65= ___   71-22= ___   56- 8= ___   67-27= ___

3 Rechne und verbinde jede Rechnung mit ihrem Ergebnis.

35+36 ○	○ 50		54-17 ○	○ 37		66+33 ○	○ 7
41-27 ○	○ 25		82-45 ○	○ 91		58+16 ○	○ 99
100-75 ○	○ 14		17+64 ○	○ 81		74-67 ○	○ 39
48+ 2 ○	○ 71		42+49 ○	○ 37		90-51 ○	○ 74
53-21 ○	○ 32		18+63 ○	○ 81		43-29 ○	○ 14

4 ★ Rechne und verbinde jede Rechnung mit ihrem Ergebnis.

33+45 ○	○ 83-34		89+ 5 ○	○ 99-12		52+11 ○	○ 70-11
17+32 ○	○ 100- 5		13+13 ○	○ 89-28		33+44 ○	○ 98- 5
93+ 2 ○	○ 90- 1		19+28 ○	○ 98- 4		34+33 ○	○ 92-25
82+ 8 ○	○ 99- 3		45+39 ○	○ 78-52		75+18 ○	○ 81-11
78+11 ○	○ 89-11		32+29 ○	○ 86-39		46+13 ○	○ 88-25
91+ 5 ○	○ 92- 2		33+54 ○	○ 91- 7		23+47 ○	○ 85- 8

Bleib in form!

5 Zeichne die Musterzeile weiter.

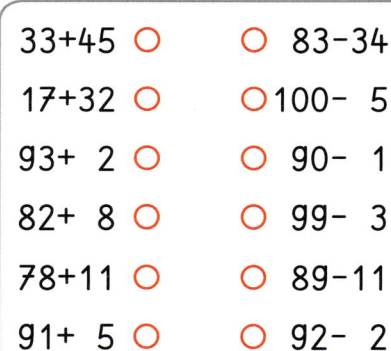

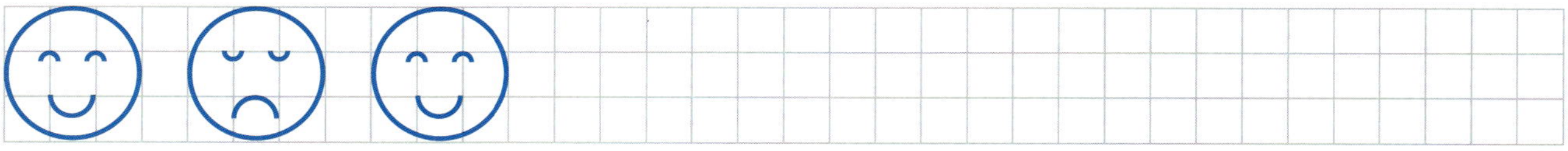

Rechnen im Zahlenraum 100

1. Herzlich Willkommen!

1 Finde Rechenpakete.

a)
```
27 + 17 = ___
27 + 18 = ___
27 + 19 = ___
___ + ___ = ___
```
In diesem Rechenpaket
bleibt die erste Zahl immer gleich,
die zweite Zahl wird immer um 1 größer.

b)
```
47 + 15 = ___
___ + ___ = ___
___ + ___ = ___
___ + ___ = ___
```
In diesem Rechenpaket
wird die erste Zahl immer um 1 kleiner,
die zweite Zahl bleibt gleich.

c)
```
43 + 29 = ___
___ + ___ = ___
___ + ___ = ___
___ + ___ = ___
```
In diesem Rechenpaket
wird die erste Zahl immer um 1 größer,
und die zweite Zahl immer um 2 größer.

2 Rechne und beschreibe die Rechenpakete.

a) 77+17= ___   _____
　　66+17= ___   _____
　　55+17= ___   _____

b) 45+23= ___   _____
　　46+22= ___   _____
　　47+21= ___   _____

3 Rechne und ergänze die fehlenden Rechnungen.

a) 34 + 27 = ___   b) 58 − 19 = ___   c) 13 + 20 = ___   d) 72 − 54 = ___
　　36 + 27 = ___　　　 59 − 20 = ___　　　 14 + 30 = ___　　　 63 − 45 = ___
　　38 + 27 = ___　　　 60 − 21 = ___　　　 15 + 40 = ___　　　 54 − 36 = ___
　　___ + ___ = ___　　 ___ − ___ = ___　　 ___ + ___ = ___　　 ___ − ___ = ___

Zusammenhänge in Rechenpaketen
2) Die Kinder verwenden das sprachliche Muster aus 1)

1. Herzlich Willkommen!

1 Zeichne die passende Anzahl von Kirschen zu den Malrechnungen. Rechne.

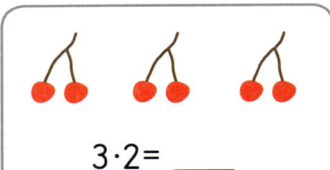

3·2= ___   2·2= ___   5·2= ___

2 Rechne. Nutze die Kernaufgaben.

1 · 4 = ___   10 · 4 = ___   5 · 4 = ___   5 · 4 = ___
2 · 4 = ___   9 · 4 = ___   4 · 4 = ___   6 · 4 = ___
3 · 4 = ___   8 · 4 = ___   3 · 4 = ___   7 · 4 = ___

3 Rechne und bilde die Tauschaufgabe.

3·5= 15   8·2= ___   4·7= ___   5·6= ___
5·3= 15   _____   _____   _____

Tauschaufgabe, Umkehraufgabe

4 Rechne und kontrolliere mit der Umkehraufgabe.

a) 32:4= 8 , weil 8 · 4 = ___
b) 10:5= ___ , weil ___ · ___ = ___
c) 28:7= ___ , weil ___ · ___ = ___
d) 18:2= ___ , weil ___ · ___ = ___
e) 36:6= ___ , weil ___ · ___ = ___
f) 40:5= ___ , weil ___ · ___ = ___

5 Rechne.

12:6= ___   35: 7= ___   48:6= ___   16:4= ___
25:5= ___   40:10= ___   21:3= ___   24:8= ___
14:2= ___   32: 8= ___   56:7= ___   81:9= ___

Bleib in Form!

6 Zeichne die Musterzeile weiter.

Multiplikation: Kernaufgaben, Tausch- und Umkehroperationen

2. Zahlen bis 1000

1 Wie viele Würfel sind das?

a)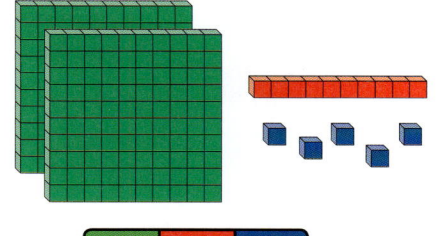

H	Z	E
2	1	5

c)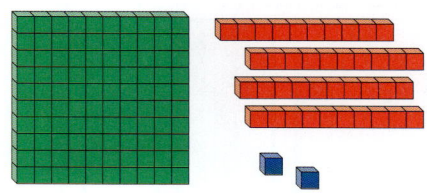

H	Z	E

b)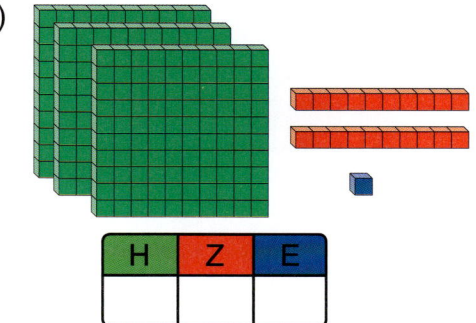

H	Z	E

d)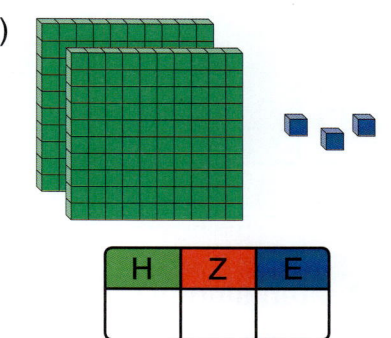

H	Z	E

2 Lege diese Zahlen mit Legematerial.
Sprich und schreibe die Zahlen.

a)
H	Z	E
6	2	7

„Sechshundert-siebenundzwanzig"

6 H + 2 Z + 7 E =
600 + 20 + 7 = 627

c)
H	Z	E
1	5	3

_____ =
_____ = ___

b)
H	Z	E
2	8	1

_____ =
_____ = ___

d)
H	Z	E
5	4	8

_____ =
_____ = ___

3 Zerlege die Zahlen und lege sie.

a) 495 = 400 + 90 + 5
      = 4 H + 9 Z + 5 E

b) 316 = _____
      = _____

c) 279 = _____
      = _____

d) 506 = _____
      = _____

e) 720 = _____
      = _____

f) 634 = _____
      = _____

Zahlenraum 1 000: Bündelung, Stellenwerte

2. Zahlen bis 1000

1 Welche Zahlen sind hier dargestellt?

a)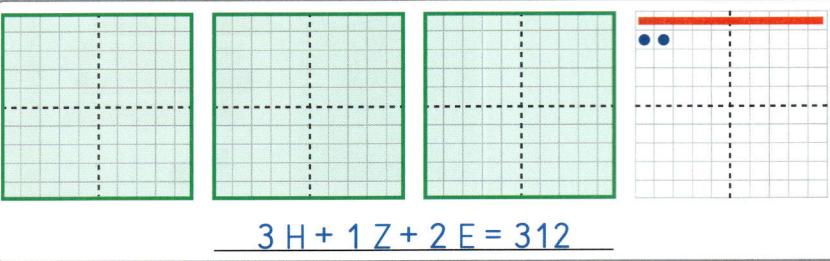
   $\underline{\text{3 H + 1 Z + 2 E = 312}}$

c)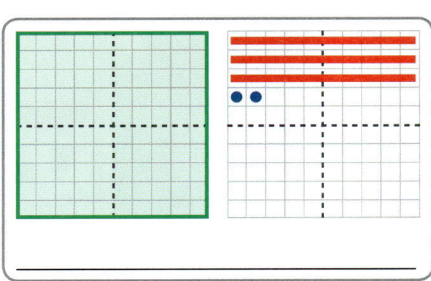
   _____

b)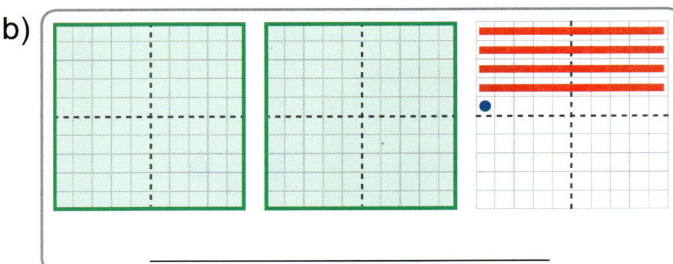
   _____

d)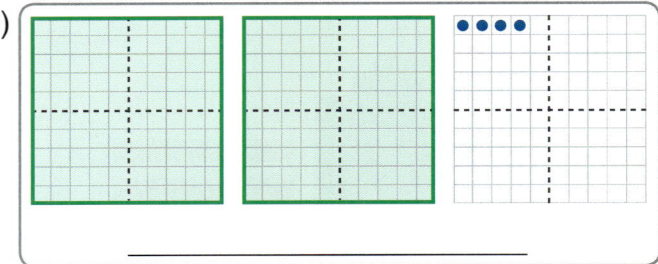
   _____

2 Welche Zahlen sind hier dargestellt?

a)
   _____

b)
   _____

c)
   _____

3 Stelle die Zahlen dar.

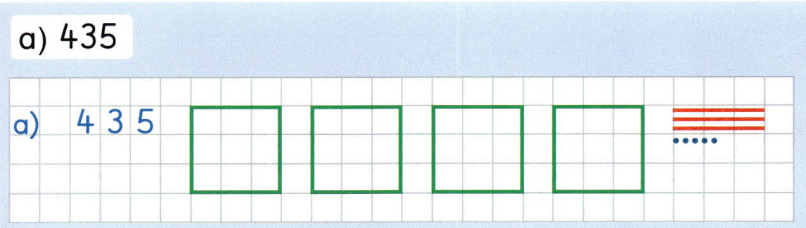

b) 234   e) 165
c) 302   f) 450
d) 518   g) 623

4 Schreibe die Zahlen und stelle sie dar.

a) Vierhundertzehn.
b) Einhundertdreiundvierzig.
c) Zweihundertfünf.
d) Fünfhundertachtundneunzig.
e) Dreihundertsechzig.
f) Siebenhundertvierzehn.

Bleib in Form!

5 Verdopple.

7 → _14_   4 → ___   8 → ___   3 → ___   9 → ___   5 → ___

Zahlenraum 1 000: Repräsentation und Aussprache
4) Die Kinder schreiben die Zahlen mit Ziffern und sprechen sie aus.

2. Zahlen bis 1000

1 Welche Zahlen sind hier dargestellt?

a)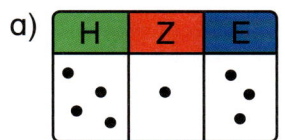
4 H 1 Z 3 E = 413

c) 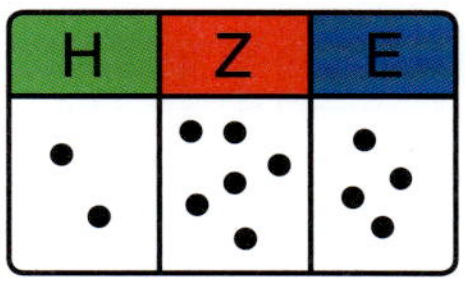 H Z E
_____

e) H Z E 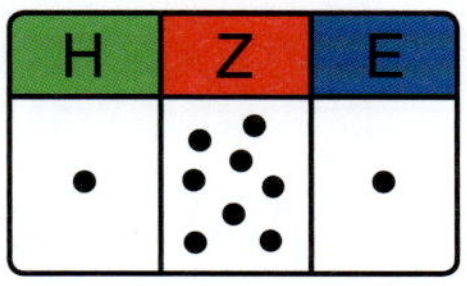
_____

b)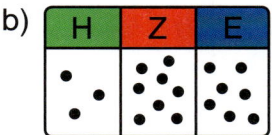
_____

d)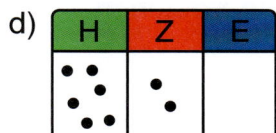
_____

f)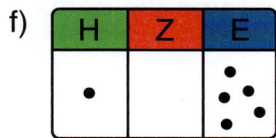
_____

2 Schreibe die Zahlen und bestimme ihre Quersumme.

a)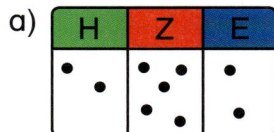
Zahl: 252
Quersumme: 2+5+2=9

b) 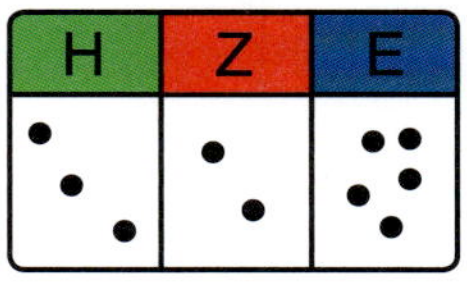 H Z E
Zahl: _____
Quersumme: _____

c) 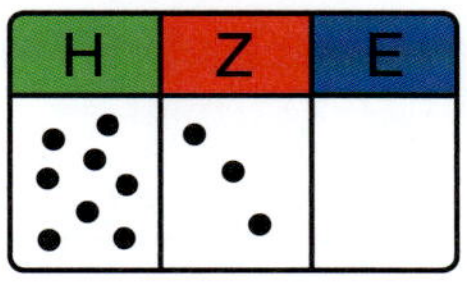 H Z E
Zahl: _____
Quersumme: _____

3 Bestimme die Quersumme dieser Zahlen.

a) 412   c) 633   e) 207
_____   _____   _____

b) 930   d) 114   f) 658
_____   _____   _____

Stellentafel, Quersumme

4 Finde die gesuchten Zahlen!
Es sind nur dreistellige Zahlen erlaubt, also Zahlen von 100 bis 999.

a) Was ist die kleinste dreistellige Zahl, deren Quersumme 4 beträgt?

b) Wie lautet die größte Zahl, die man aus den Ziffern 6, 3 und 9 bilden kann?

c) Was ist die kleinste Quersumme, die eine dreistellige Zahl haben kann?

d) Wie lautet die kleinste Zahl, die man aus den Ziffern 5, 2 und 8 bilden kann?

5 Finde so viele verschiedene dreistellige Zahlen wie möglich, deren Quersumme 3 beträgt.

Zahlenraum 1 000: Stellenwertsystem, Zahlbeschreibungen

2. Zahlen bis 1000

1 Beschrifte den Zahlenstrahl.

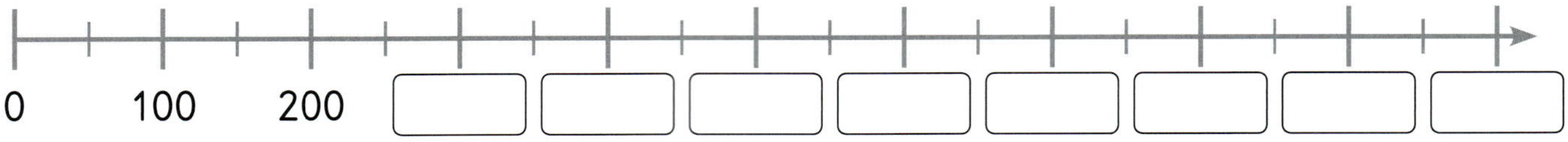

0   100   200

2 Schreibe die gesuchten Zahlen in die Kästchen.

a) 250

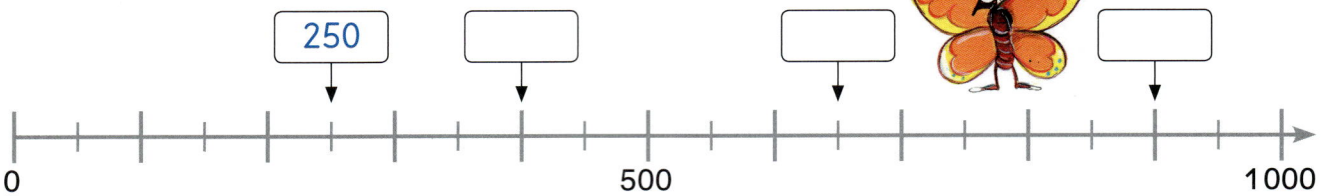

0   500   1000

b)

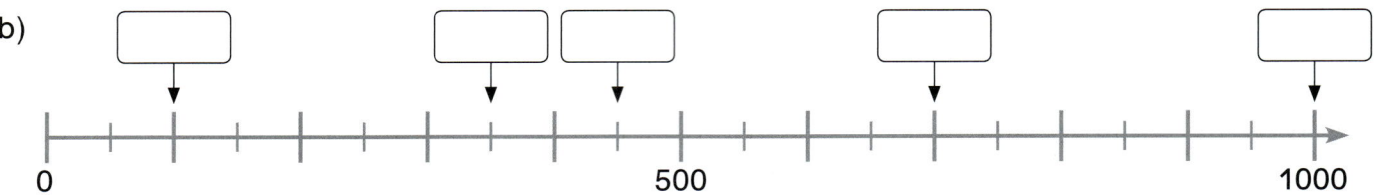

0   500   1000

3 Markiere folgende Zahlen mit einem Pfeil. Schreibe die Zahl zum Pfeil.

a) 750, 200, 450, 900, 50

0   1000

b) 600, 850, 150, 400, 950

0   1000

Bleib in Form!

4 Berechne immer die Hälfte.

Zahl:	10	14	40	28	70	200	300	1000
Die Hälfte:								

Zahlenraum 1 000: Zahlenstrahl mit ganzen Zehnern

2. Zahlen bis 1000

1 Schreibe die gesuchten Zahlen in die Kästchen.

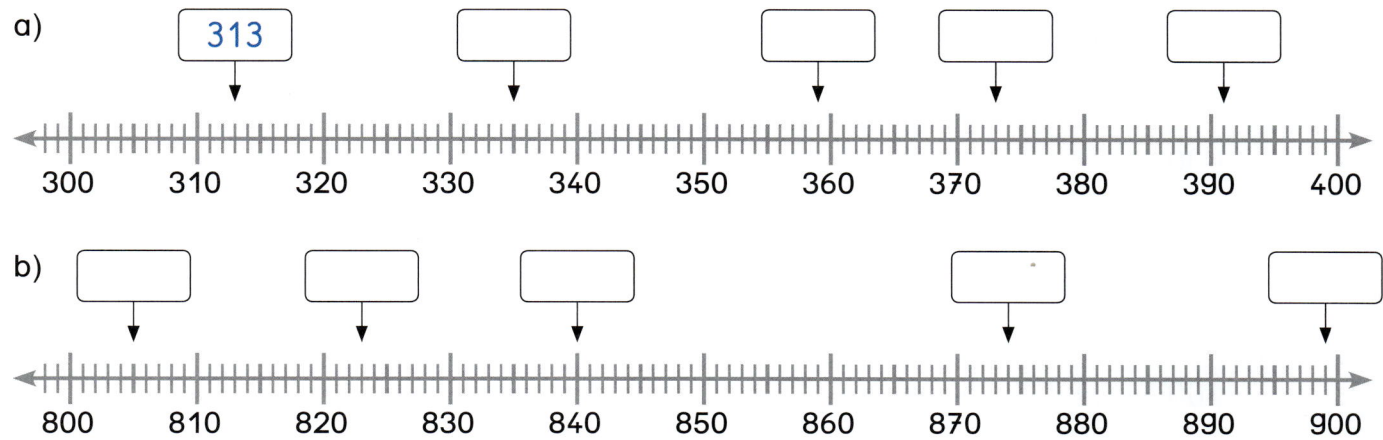

2 Markiere folgende Zahlen mit einem Pfeil. Schreibe die Zahl zum Pfeil.

a) 602, 615, 639, 655, 683, 694

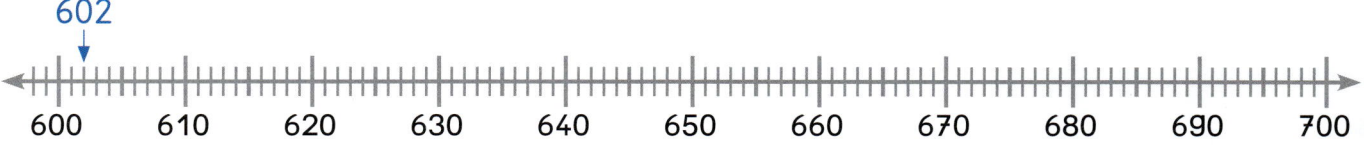

b) 110, 143, 159, 176, 192, 199

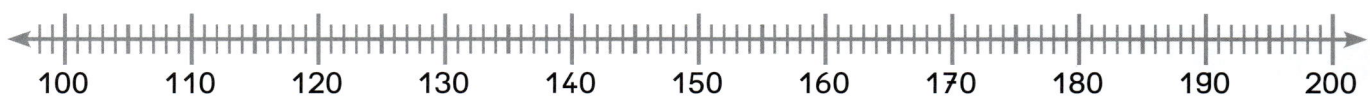

c) 920, 938, 951, 968, 979, 993

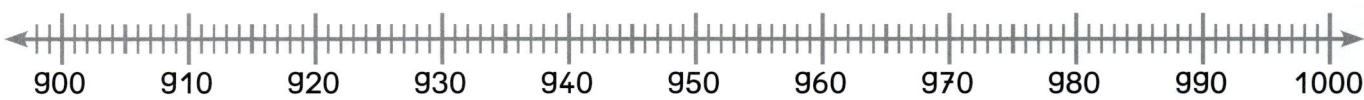

3 Schreib die Nachbarzahlen.

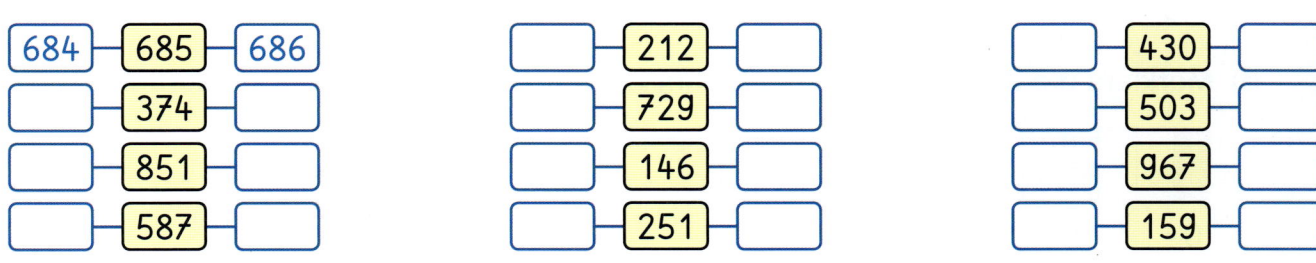

Zahlenraum 1 000: Zahlenstrahl, Nachbarzahlen

3. Kopfrechnen im Tausender

1 Lege und rechne.

a)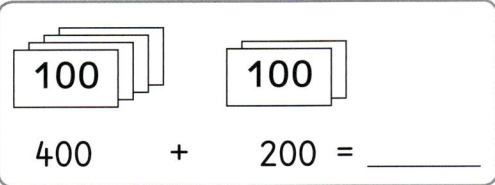
400 + 200 = _____

c)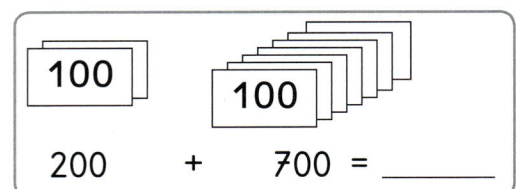
200 + 700 = _____

b)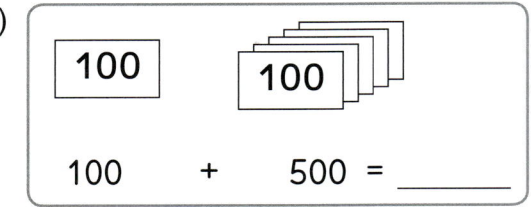
100 + 500 = _____

d)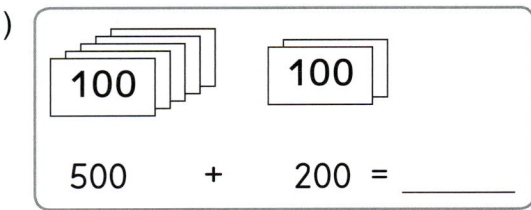
500 + 200 = _____

2 Ergänze die Rechnungen.

a) 4+ 2= __6__
40+ 20= __60__
400+_____

b) 5+ 3= _____
50+_____
500+_____

c) 9− 2= _____
_____
_____

d) 6− 4= _____
_____
_____

3 Rechne.

900+100= _____   400+300= _____   200+400= _____   100+300= _____
800+100= _____   500+300= _____   500+500= _____   300+700= _____

4 Rechne.

800−400= _____   1 000−100= _____   500−200= _____   1 000−400= _____
900−800= _____   700−300= _____   300−300= _____   900−300= _____

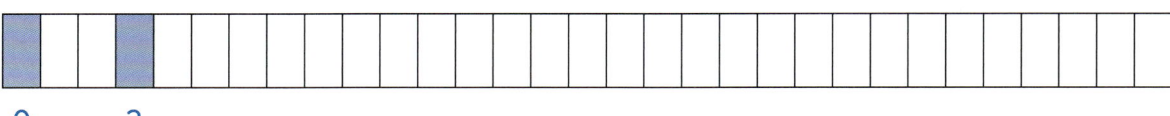

Bleib in Form!

5 a) Rechne.

5·3= ___   2·3= ___   0·3= ___   9·3= ___   3·3= ___
8·3= ___   7·3= ___   6·3= ___   4·3= ___   10·3= ___

b) Markiere die Zahlen der 3er-Reihe am Zahlenband und schreibe sie darunter.

0   3

Kopfrechnen im Zahlenraum 1 000: Nutzen von Stellenwerten und Analogien

3. Kopfrechnen im Tausender

1 Rechne.

210+30= _____   100+10 + 10   Du kannst die Aufgaben auch legen!
420+10= _____
850+40= _____   700+30= _____   360+20= _____   510+40= _____
330+20= _____   470+10= _____   520+40= _____   930+30= _____

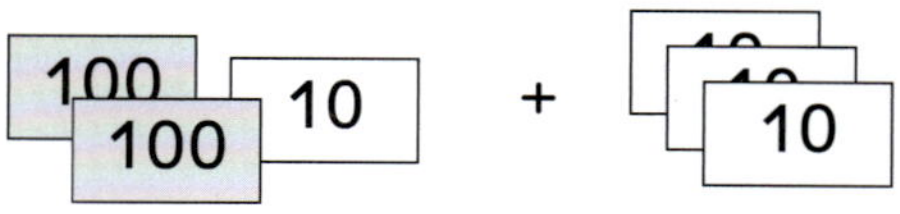

2 Rechne.

670-30= _____   290-40= _____   970-50= _____   540-40= _____
730-20= _____   850-10= _____   360-200= _____ 780-30= _____

3 Rechne.

345+20= _____   518+10= _____   407+80= _____   153+40= _____
721+30= _____   962+30= _____   224+50= _____   527+60= _____

4 Rechne.

186-40= _____   695-20= _____   762-60= _____   274-10= _____
391-10= _____   847-30= _____   948-30= _____   655-20= _____

5 Ergänze die Zahlen in der Rechenkette.

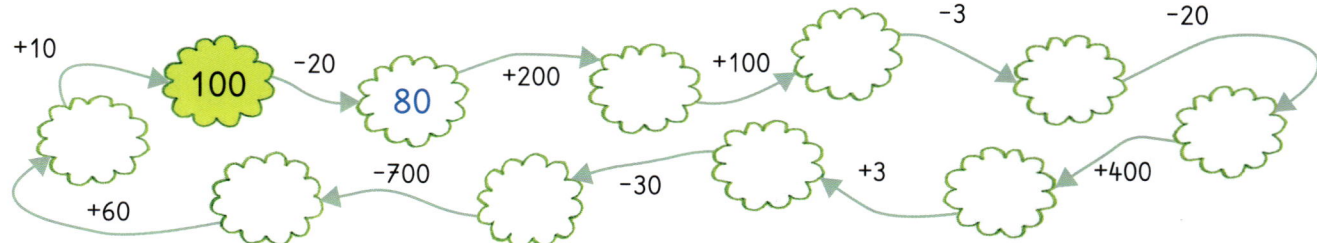

6 Rechne.

23+15= _____   62+34= _____   15+42= _____   71+16= _____
423+15= _____   862+34= _____   315+42= _____   971+16= _____

85-21= _____   48-13= _____   67-52= _____   89-54= _____
785-21= _____   248-13= _____   567-52= _____   489-54= _____

Kopfrechnen im Zahlenraum 1 000: Nutzen von Stellenwerten und Analogien
1) Zum Nachlegen eignet sich auch Spielgeld.

3. Kopfrechnen im Tausender

1 Andrea kauft ein Fahrrad für 450 €
und einen Helm für 47 €.
Wie viel bezahlt sie?

2 Herr Wimmer kauft ein Herrenrad für 762 €.
Dazu kauft er einen Korb für 15 €.
Wie viel bezahlt er?

3 In einem Geschäft sind zwei Fahrräder im Angebot:
Ein blaues Rad für 568 € und ein silbernes Rad.
Wie viel kostet das silberne Rad,
wenn es 25 € billiger ist als das blaue Rad?

4 Ergänze immer auf den nächsten 100er.

a) 380 + _20_ = _200_   c) 560 + ___ = ___   e) 110 + ___ = ___
   650 + ___ = ___   930 + ___ = ___   730 + ___ = ___

b) 84 + ___ = ___   d) 698 + ___ = ___   f) 815 + ___ = ___
   384 + ___ = ___   449 + ___ = ___   576 + ___ = ___

5 Rechne.

a) 590 + 50 = ___   b) 340 + 60 = ___   c) 270 + 70 = ___   d) 690 + 50 = ___
   280 + 30 = ___   830 + 90 = ___   750 + 50 = ___   360 + 80 = ___
   650 + 90 = ___   180 + 30 = ___   910 + 90 = ___   290 + 90 = ___

6 Rechne.

a) 700 − 40 = ___   b) 1000 − 20 = ___   c) 420 − 50 = ___   d) 230 − 70 = ___
   300 − 20 = ___   1000 − 90 = ___   610 − 30 = ___   550 − 60 = ___
   900 − 70 = ___   1000 − 60 = ___   750 − 90 = ___   310 − 40 = ___

Bleib in Form!

7 a) Rechne.

4·4 = ___   9·4 = ___   6·4 = ___   8·4 = ___   0·4 = ___
7·4 = ___   2·4 = ___   5·4 = ___   3·4 = ___   10·4 = ___

b) Setze die Zahlen der 4er-Reihe fort.

_40_, _36_, ___, ___, ___, ___, ___, ___, ___,

Kopfrechnen im Zahlenraum 1 000: Nutzen von Stellenwerten und Analogien

3. Kopfrechnen im Tausender

1 Ergänze die Zahlen der Zahlenmauern.

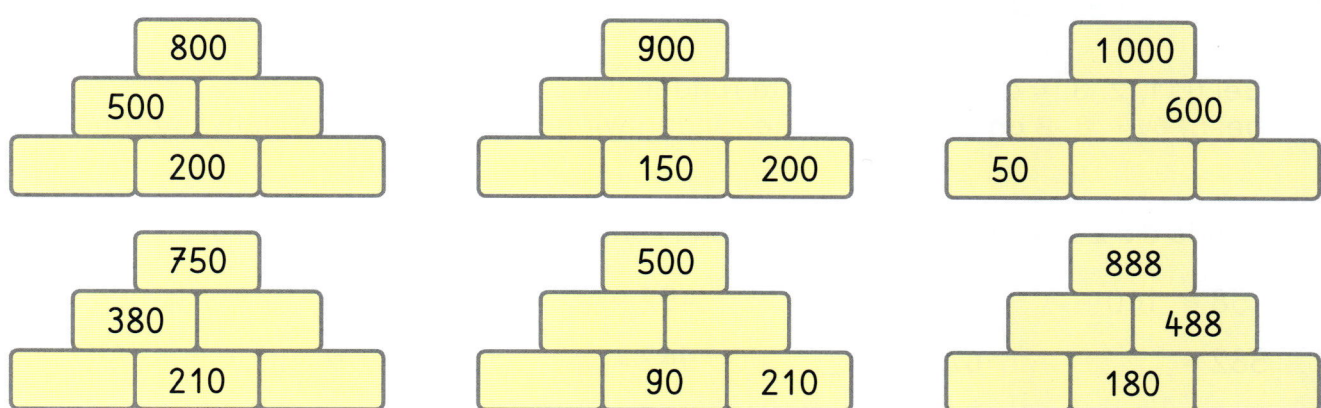

2 Rechne.

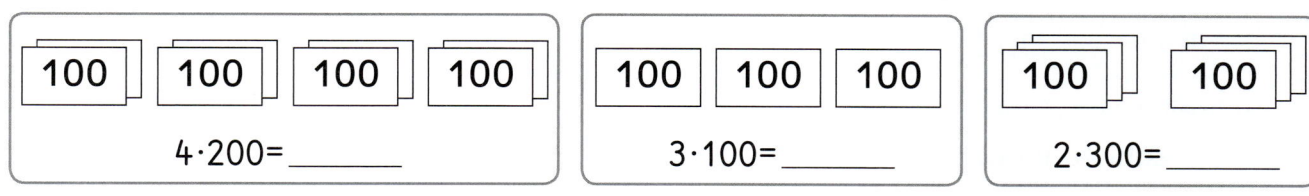

4·200 = _____   3·100 = _____   2·300 = _____

3 Rechne. Was fällt dir auf?
Du kannst mit Legematerial arbeiten.

a) 3· 2 = _____   b) 2· 4 = _____   c) 2· 5 = _____   d) 3· 3 = _____
   3· 20 = _____   2· 40 = _____   2· 50 = _____   3· 30 = _____
   3·200 = _____   2·400 = _____   2·500 = _____   3·300 = _____

4 Rechne. Was fällt dir auf?
Du kannst mit Legematerial arbeiten.

a) 8:2 = _____   b) 6:3 = _____   c) 4:2 = _____   d) 6:2 = _____
   80:2 = _____   60:3 = _____   40:2 = _____   60:2 = _____
   800:2 = _____   600:3 = _____   400:2 = _____   600:2 = _____

5 In einer Packung sind 300 Magnete.
Wie viele Magnete sind in drei Packungen?

6 ★ In einer Packung sind 150 Reißnägel.
Leon braucht 500 Reißnägel.
Wie viele Packungen muss er kaufen?

Kopfrechnen im Zahlenraum 1 000: Multiplikation und Division

3. Kopfrechnen im Tausender

Runden auf ganze Zehner

Bei 0, 1, 2, 3, 4 an der **Einer**stelle runden wir **ab**,
bei 5, 6, 7, 8, 9 an der **Einer**stelle runden wir **auf**.

1 Runde die Zahlen auf ganze Zehner und kontrolliere selbst die Ergebnisse.

1<u>5</u>8 ≈ <u>160</u>	371 ≈ ____	497 ≈ ____	302 ≈ ____	243 ≈ ____
582 ≈ ____	629 ≈ ____	942 ≈ ____	677 ≈ ____	892 ≈ ____
586 ≈ ____	715 ≈ ____	105 ≈ ____	796 ≈ ____	528 ≈ ____
392 ≈ ____	549 ≈ ____	82 ≈ ____	919 ≈ ____	702 ≈ ____

Lösungen: 80 110 16̶0̶ 240 300 370 390 500 530 550 580 590 630 680 700 720 800 890 920 940

2 Schreibe alle Zahlen auf, die gerundet

a) die Zahl 40 ergeben. _____

b) die Zahl 760 ergeben. _____

3 Runde die Zahlen auf ganze Hunderter und kontrolliere selbst die Ergebnisse.

<u>4</u>38 ≈ <u>400</u>	984 ≈ ____	804 ≈ ____	137 ≈ ____	642 ≈ ____
813 ≈ ____	355 ≈ ____	867 ≈ ____	913 ≈ ____	743 ≈ ____
118 ≈ ____	349 ≈ ____	273 ≈ ____	486 ≈ ____	91 ≈ ____

Lösungen: 100 100 100 300 300 4̶0̶0̶ 400 500 600 700 800 800 900 900 1000

4 Runde die Zahlen auf ganze Hunderter und rechne einen Überschlag.

a) 814+165

| a) | 8 1 4 + 1 6 5 |
| Ü: | 8 0 0 + 2 0 0 = 1 0 0 0 |

b) 355+229   e) 786−191

c) 915−322   f) 408+273

d) 613+87   g) 425−143

Bleib in Form!

5 Zeichne die Zahlen der 7er-Reihe am Zahlenstrahl ein.

Kopfrechnen im Zahlenraum 1 000: Runden auf Zehner oder Hunderter

4. Plus und Minus im Tausender

1 Übe die Wörter. Schreibe die Zeilen weiter.

a) Addition, addieren, Addition,

b) Subtraktion, subtrahieren,

> **Plusrechnen:**
> Addition, addieren, Summe
>
> **Minusrechnen:**
> Subtraktion, subtrahieren, Unterschied

2 Löse die Additionen und kontrollier selbst die Ergebnisse.

a) 415+237= 652
    615, 645, 652

c) 164+382=____

e) 625+138=____

b) 729+ 56=____

d) 274+265=____

f) 97+354=____

g) 548+307=____

Lösungen: 451 539 546 6̶5̶2̶ ✓ 763 785 855

3 Löse die Subtraktionen und kontrolliere selbst die Ergebnisse.

a) 506-228=____
    306,

c) 382-124=____

e) 825-195=____

g) 682-395=____

b) 915-651=____

d) 762-513=____

f) 407-316=____

h) 214- 76=____

Lösungen: 91 138 249 258 264 278 287 630

4 Berechne die gesuchten Zahlen.

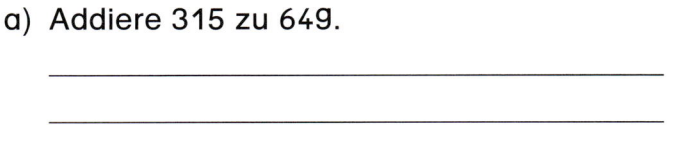

★ a) Addiere 315 zu 649.

b) Berechne den Unterschied von 283 und 635.

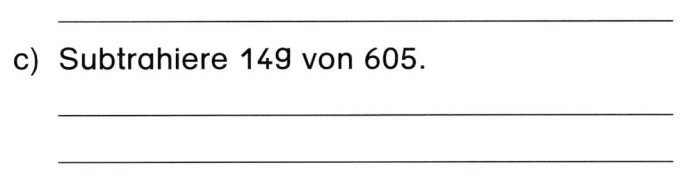

c) Subtrahiere 149 von 605.

d) Berechne die Summe von 637 und 341.

5 **AUFGABEN-WERKSTATT**

Schreibe die Aufgaben fertig und löse sie.
Such dir selbst Zahlen aus und entscheide,
ob du einfache oder schwierige Aufgaben machen willst.

a) Berechne die Summe von …

b) Subtrahiere …

c) Wie lautet der Unterschied von …

d) Welche Zahl erhält man, wenn man …

Plus- und Minusrechnen im Zahlenraum 1 000: Begriffe und halbschriftliche Rechenverfahren
5) Verschiedene Lösungen sind möglich.

4. Plus und Minus im Tausender

1 Rechne. Erst ergänzen, dann abziehen.

a) 398 + __3__ = 401
    401 − 398 = ____

b) 657 + ____ = 662
    662 − 657 = ____

c) 299 + ____ = 303
    303 − 299 = ____

2 Abziehen oder ergänzen? Überlege, bevor du rechnest.

a) 804 − 799 = ____
   799 + 5 =

b) 236 − 53 = ____
   186,

c) 492 − 488 = ____

d) 345 − 335 = ____

e) 952 − 949 = ____

f) 841 − 836 = ____

g) 303 − 152 = ____

h) 1000 − 994 = ____

3 Rechne.

a) 345 + 100 = ____
   345 + 99 = ____
   345 + 98 = ____

b) 582 − 100 = ____
   582 − 99 = ____
   582 − 98 = ____

c) 467 + 200 = ____
   467 + 199 = ____
   467 + 198 = ____

d) 852 − 200 = ____
   852 − 199 = ____
   852 − 198 = ____

4 Rechne. Nutze Rechenvorteile, wenn du welche entdeckst.

a) 627 + 99 = ____

b) 473 + 199 = ____

c) 974 − 969 = ____

d) 802 − 799 = ____

e) 461 − 457 = ____

f) 423 − 99 = ____

g) 524 + 299 = ____

h) 258 + 298 = ____

i) 247 + 199 = ____

j) 335 + 299 = ____

k) 532 − 99 = ____

l) 614 + 267 = ____

Bleib in Form!

5 Setze die Zahlen der 5er-Reihe fort.

__5__, __10__, ____, ____, ____, ____, ____, ____, ____, ____,

Plus- und Minusrechnen im Zahlenraum 1 000: Rechenvorteile

4. Plus und Minus im Tausender

1 Berechne jeweils die gesuchte Zahl.

a) 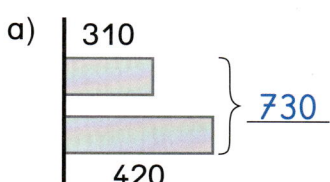 310 / 420 } 730

c) 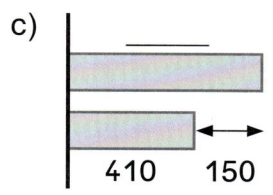 410 150

e) 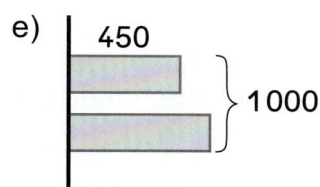 450 / ___ } 1000

b) 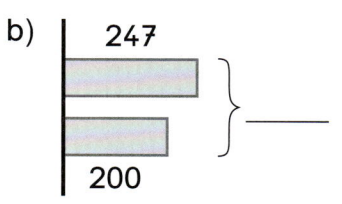 247 / 200 } ___

d) 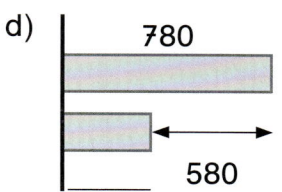 780 / ___ 580

f) 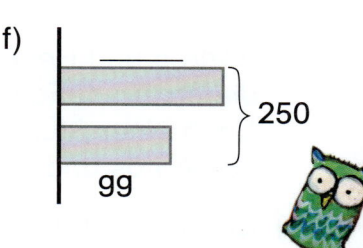 ___ / 99 } 250

Balkenmodelle

2 Berechne jeweils die gesuchte Zahl.

a) 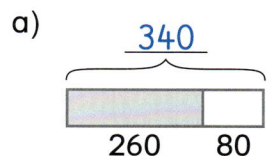 340 ; 260 80

c) 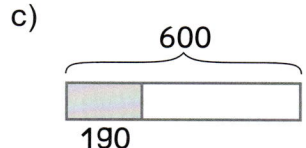 600 ; 190 ___

e) 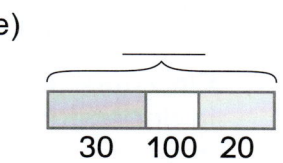 ___ ; 30 100 20

b) 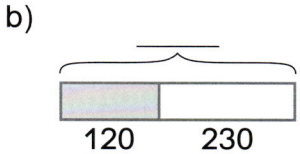 ___ ; 120 230

d) 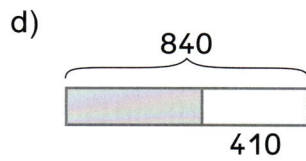 840 ; ___ 410

f) 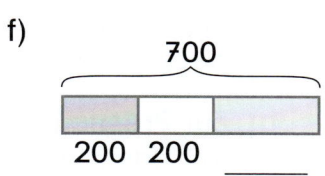 700 ; 200 200 ___

3 Zeichne die Balkenmodelle in dein Heft.
Berechne jeweils die Summe und den Unterschied der beiden Zahlen.

a) 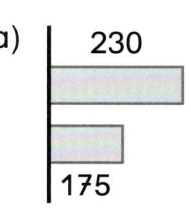 230 / 175

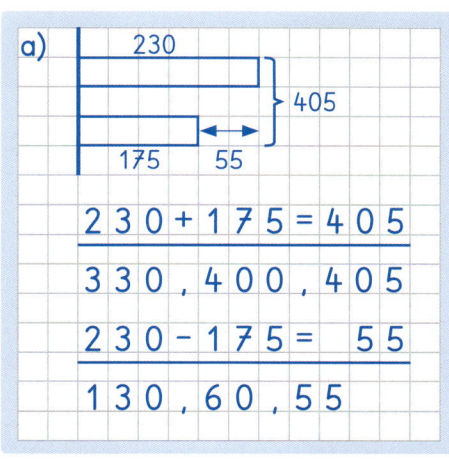
a) 230 / 175 55 } 405
230 + 175 = 405
330 , 400 , 405
230 − 175 = 55
130 , 60 , 55

b) 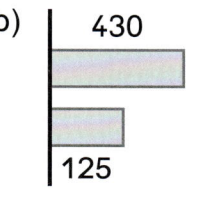 430 / 125

d) 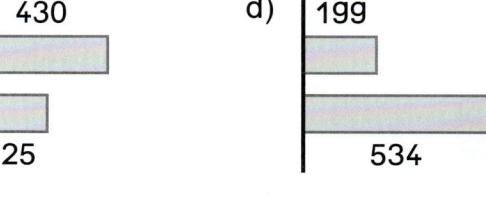 199 / 534

Die Länge der Balken muss nicht genau sein.
Aber größere Zahlen müssen längere Balken haben als kleinere Zahlen.

c) 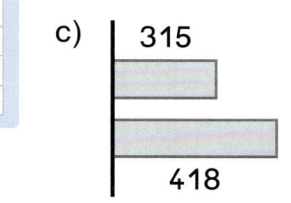 315 / 418

e)  608 / 284

Veranschaulichung von Operationen durch Balkenmodelle

4. Plus und Minus im Tausender

1 Finde Fragen und löse die Aufgaben.
Zeichne dazu Balkenmodelle. Du kannst die begonnenen Skizzen nutzen.

a) Ein Zeitungsverkäufer hat am Vormittag 242 Zeitungen verkauft.
Am Nachmittag waren es nur noch 127 Stück.

b) Helmut verkauft Lose für das Feuerwehrfest.
Am Samstag hat er 369 Stück verkauft,
am Sonntag waren es 45 Stück weniger.

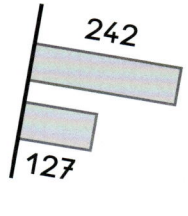
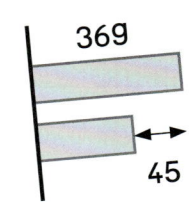

c) Andrea und Helene zählen die Fahrzeuge,
die an ihrem Fenster vorbeifahren.
Nach einer Stunde waren es
184 Autos und 37 Lastwägen.

d) Ein Bäcker bäckt 450 Laugenstangen mit Salz
und 275 Laugenstangen ohne Salz.

e) In der Werkstatt liegen zwei Bretter.
Das eine ist 316 cm lang, das andere ist 82 cm kürzer.

f) Ein Zauberer gibt zwei Vorstellungen.
In der ersten sind 124 Zuschauer,
in der zweiten sind es 38 Menschen mehr.

g) In Hannas Schule sind 514 Kinder.
Davon sind 286 Mädchen.

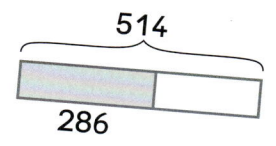

h) Zur Premiere des neuen Zeichentrickfilmes
war das Kino ausverkauft.
Es hat 635 Plätze.
272 der Zuschauer waren Kinder.

i) Bei der Aktion „Iss mehr Gemüse" wurden 240 Karotten,
75 Gurken und 50 Paprikas verkauft.

Bleib in Form!

2 a) Rechne.

2·6= ___	5·6= ___	3·6= ___	7·6= ___	10·6= ___
6·6= ___	8·6= ___	4·6= ___	1·6= ___	9·6= ___
0·6= ___	4·6= ___	10·6= ___	6·6= ___	2·6= ___

b) Setze die Zahlen der 6er-Reihe fort.

 60 , 54 , ___ , ___ , ___ , ___ , ___ , ___ , ___ ,

Balkenmodelle selbst erstellen

5. Zeig, was du kannst!

Rechnen bis 100

1 Rechne und kontrolliere selbst die Ergebnisse.

44+20= ___   35+39= ___   35-10= ___   92-25= ___
70+15= ___   28+43= ___   98-40= ___   53-18= ___
23+30= ___   59+16= ___   53-20= ___   65-47= ___

Lösungen:
18	25	33	35
53	58	64	67
71	74	75	85

2 Rechne und kontrolliere selbst die Ergebnisse.

7·2= ___   9·5= ___   20:5= ___   12:2= ___
4·3= ___   5·4= ___   24:4= ___   18:3= ___
6·4= ___   8·3= ___   27:3= ___   32:4= ___

Lösungen:
4	6	6	6
8	9	12	14
20	24	24	45

Hole dir deinen Stern! ⭐ 1

3

a) Rechne.

6+ 3= __9__ ✓   43+16= ___ ☐   74-21= ___ ☐
57+ 8= ___ ☐   63- 6= ___ ☐   83-59= ___ ☐

b) Rechne.

6·5= ___ ☐   5·10= ___ ☐   24:3= ___ ☐
8·2= ___ ☐   7· 3= ___ ☐   28:4= ___ ☐

c) Petra ist 42 Jahre alt. Sie verkauft Eis.
Heute hat sie schon 25 Kugeln Schokolade
und 31 Kugeln Vanille verkauft.
Wie viele Kugeln Eis waren das insgesamt?

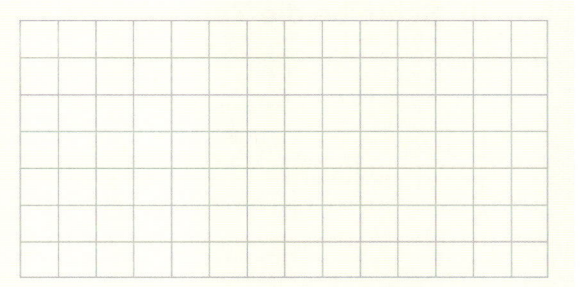

☐ Rechnung richtig   ☐ Antwort richtig

Die Lösungen findest du auf Seite 86.

Jede richtig gelöste Aufgabe zählt einen Punkt!

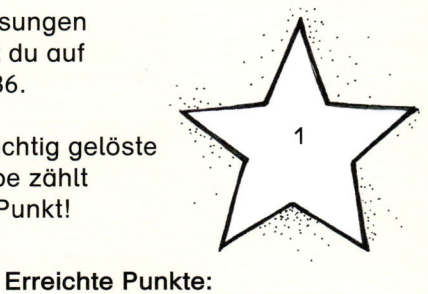

Erreichte Punkte: _____

⭐ 1

Male deinen Stern an:

0 bis 7 Punkte: rot   … Du musst noch üben. Frag um Rat.

8 bis 12 Punkte: silber   … Mit etwas Training schaffst du locker mehr Punkte.

13 bis 14 Punkte: gold   … Bravo! Rechnen bis 100 kannst du schon sehr gut.

Wiederholung: Kopfrechnen, einfache Sachaufgaben
3) Selbsttest.

5. Zeig, was du kannst!

Zahlen bis 1000

1 Schreibe die Rechnungen und die Zahlen.

5 H + 6 E = __500+6__ = __506__   1 H + 3 Z = _____ = _____

2 H + 7 Z = _____ = _____   8 H + 1 E = _____ = _____

5 Z + 9 E = _____ = _____   2 H + 7 E = _____ = _____

Lösungen:
59	130
207	270
506	801

2 Schreibe die Nachbarzahlen.

_____ 547 _____   _____ 200 _____   _____ 299 _____

_____ 250 _____   _____ 583 _____   _____ 729 _____

Lösungen:
| 199 | 201 | 249 | 251 | 298 | 300 |
| 546 | 548 | 582 | 584 | 728 | 730 |

Hole dir deinen Stern! ★ 2

3

a) Runde auf Zehner.

243 ≈ _____ ☐   918 ≈ _____ ☐

b) Runde auf Hunderter.

192 ≈ _____ ☐   448 ≈ _____ ☐

c) Finde die gesuchten Zahlen.

Welche Zahl ist um 1 kleiner als 700?   _____ ☐

Welche Zahl ist um 10 größer als 530?   _____ ☐

Welche Zahl ist um 100 kleiner als 846?   _____ ☐

d) Schreibe die Zahlen in die Felder.

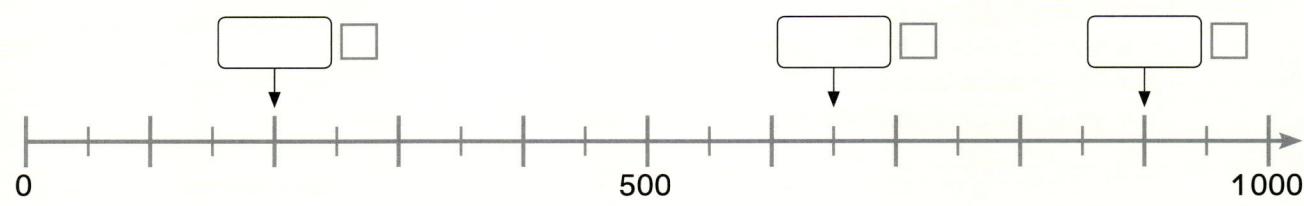

Die Lösungen findest du auf Seite 86.

Jede richtig gelöste Aufgabe zählt einen Punkt!

Erreichte Punkte: _____

Male deinen Stern an:

0 bis 4 Punkte: rot   ... Du bringst die Zahlen noch durcheinander. Hol dir Hilfe.

5 bis 8 Punkte: silber ... Du kennst dich zwar schon gut aus, aber das kann noch besser werden.

9 bis 10 Punkte: gold   ... Spitze! Kannst du einem anderen Kind helfen?

Runden im Zahlenraum 1 000, Zahlenstrahl
3) Selbsttest.

5. Zeig, was du kannst!

Kopfrechnen bis 1000

1 Rechne und kontrolliere selbst die Ergebnisse.

200+400= _____   320+ 50= _____   500-100= _____   470-150= _____
500+ 60= _____   710+200= _____   600-400= _____   860- 20= _____
100+700= _____   420+130= _____   820-200= _____   380-210= _____

Lösungen: 170 200 320 370 400 550 560 600 620 800 840 910

2 Ergänze die Rechenpakete und kontrolliere selbst die Ergebnisse.

a) 27 + 4 = _____   b) 45 + 30 = _____   c) 760 - 15 = _____   Lösungen:
   27 + 5 = _____   45 + 40 = _____   760 - 25 = _____   31 32 33
   27 + 6 = _____   45 + 50 = _____   760 - 35 = _____   34 75 85
   ___ + ___ = _____   ___ + ___ = _____   ___ - ___ = _____   95 105 715
                                                                725 735 745

Hole dir deinen Stern! ★ 3

3

a) Rechne.

600+200= _____ ☐   700-400= _____ ☐   300·3= _____ ☐
530+400= _____ ☐   620- 50= _____ ☐   1000:2= _____ ☐
265+ 60= _____ ☐   486- 30= _____ ☐   800:4= _____ ☐

b) Ergänze die Zahlenmauern.

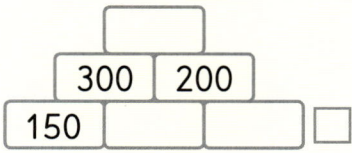
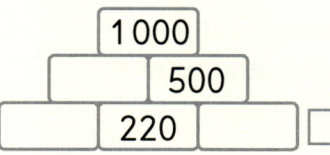
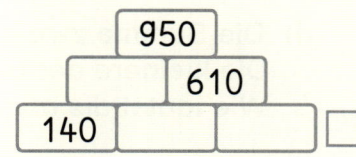

Die Lösungen findest du auf Seite 86.

Jede richtig gelöste Aufgabe zählt einen Punkt!

Erreichte Punkte: _____

Male deinen Stern an:

0 bis 4 Punkte: rot ... Bei großen Zahlen hast du noch Schwierigkeiten. Frag um Rat.

4 bis 8 Punkte: silber ... Du weißt zwar schon wie es geht, solltest aber noch üben.

9 bis 12 Punkte: gold ... Sehr gut! Auch bei großen Zahlen bist du sattelfest.

Wiederholung: Analogierechnen im Zahlenraum 1 000
3) Selbsttest.

5. Zeig, was du kannst!

Halbschriftliche Addition und Subtraktion

1 Rechne und kontrolliere selbst die Ergebnisse.

a) 514+238=____   b) 610+215=____   c) 423+128=____   d) 54+382=____

Lösungen: 436 551 752 825

2 Rechne und kontrolliere selbst die Ergebnisse.

a) 751-748=____   b) 403-397=____   c) 684-299=____   d) 215- 99=____

Lösungen: 3 6 116 385

Hole dir deinen Stern!  4

3

a) Rechne.

627+251=____   134+282=____   552-326=____   832-829=____

☐   ☐   ☐   ☐

b) Berechne die Summe von 525 und 416. ☐

c) Berechne den Unterschied von 625 und 416. ☐

d) Die Summe zweier Zahlen lautet 378. Die kleinere der beiden Zahlen lautet 93. Wie lautet die andere Zahl? ☐

Die Lösungen findest du auf Seite 86.

Jede richtig gelöste Aufgabe zählt einen Punkt!

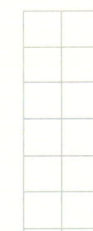

Erreichte Punkte: _____

Male deinen Stern an:

0 bis 3 Punkte: rot   … Vielleicht kannst du dir das noch einmal erklären lassen?

4 bis 5 Punkte: silber   … Rechne Schritt für Schritt, dann wirst du noch besser.

6 bis 7 Punkte: gold   … Ausgezeichnet! Addieren und Subtrahieren fällt dir leicht.

Wiederholung: halbschriftliches Rechnen im Zahlenraum 1 000
3) Selbsttest.

5. Zeig, was du kannst!

Sachaufgaben

1. Auf einem Bauernhof leben 85 Kühe und 240 Hennen.
   Wie viele Tiere sind das?

2. Im Zoo gibt es 48 Flamingos und 35 Reiher.
   23 der Flamingos sind Weibchen.
   Wie viele männliche Flamingos gibt es im Zoo?

3. Heinz und Bernd sammeln Briefmarken.
   Heinz hat schon 342 Marken gesammelt.
   Bernd hat 65 Marken weniger.
   Wie viele Briefmarken haben sie gemeinsam?

Hole dir deinen Stern! 5

4.
   a) In einem Zug sitzen
      168 Erwachsene und 83 Kinder.
      Wie viele Menschen sind das?

   b) Im Theater ist Platz für 240 Zuschauer.
      Wie viele Leute sehen zu,
      wenn alle Plätze bis auf 15 gefüllt sind?

   c) Simon hat 350 Euro.
      Er kauft einen Pullover für 119 Euro
      und eine Hose für 79 Euro.
      Wie viel bezahlt er?

Die Lösungen findest du auf Seite 86.

Jede richtig gelöste Aufgabe zählt einen Punkt!

Erreichte Punkte: _____

Male deinen Stern an:

0 Punkte: rot ... Beginne erst zu rechnen, wenn du die Aufgabe verstanden hast!

1 bis 2 Punkte: silber ... Du bist schon auf einem guten Weg! Arbeite noch genauer.

3 Punkte: gold ... Perfekt! Du kannst gut lesen und gut rechnen.

Wiederholung: Sachaufgaben
4) Selbsttest.

6. Figuren und Formen

1 Zeichne die Symmetrieachsen ein.

a) Tor b) Käfer c) Blatt

Symmetrie, symmetrisch

2 Zeichne die Spiegelbilder.

a) 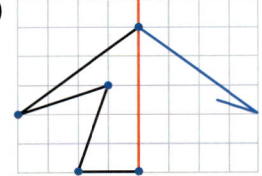 d) 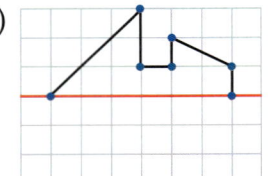 g)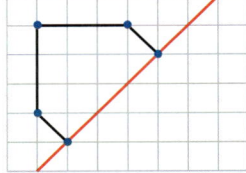

b) 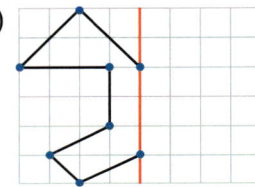 e) 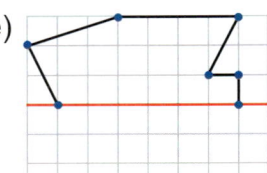 h)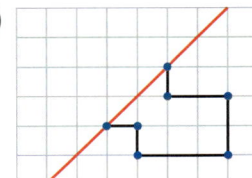

c) 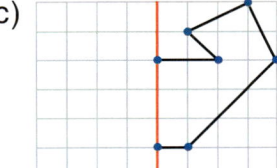 f) 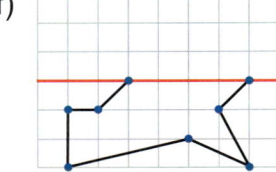 i)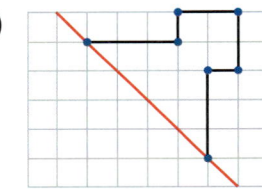

Bleib in Form!

3 Rechne.

2· 7= ___   6· 6= ___   5· 4= ___   9· 6= ___
2·70= ___   6·60= ___   5·40= ___   9·60= ___

5· 3= ___   4· 8= ___   8· 3= ___   3· 8= ___
5·30= ___   4·80= ___   8·30= ___   3·80= ___

Symmetrie, Spiegelbild, Begriffe

6. Figuren und Formen

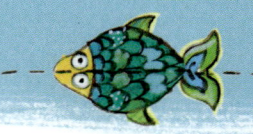

1 **Zeichne Bilder, die zu den Beschreibungen passen.**

a) Auf einem grünen Quadrat stehen drei kleine gelbe Dreiecke.

b) Zwischen zwei gleich großen grünen Rechtecken sind vier kleine rosa Kreise.

c) Links ist ein rotes Dreieck, rechts ist ein blaues Dreieck. Das blaue Dreieck steht auf der Spitze und ist größer als das rote.

d) Ein langes schmales Rechteck liegt auf zwei großen gelben Kreisen.

e) Ein grünes Dreieck liegt zwischen zwei blauen Rechtecken. Die blauen Rechtecke sind so klein, dass jedes von ihnen in das Dreieck passen würde.

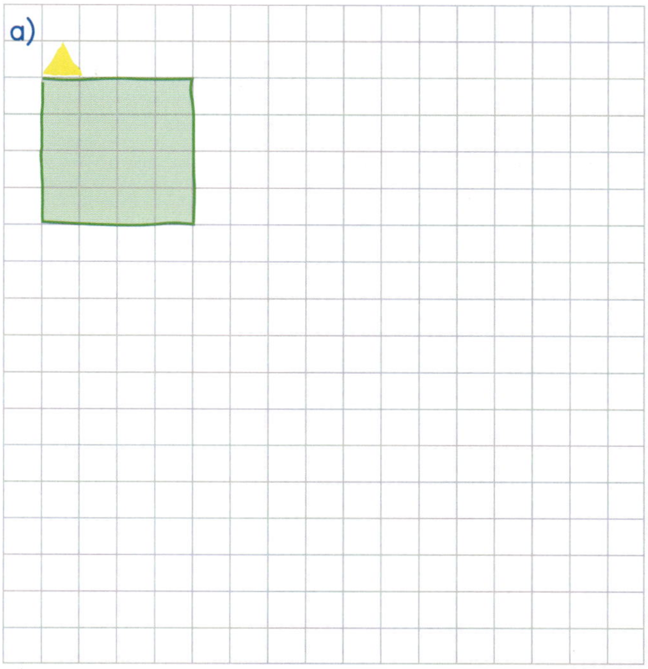

2 **Bescheibe die Bilder.**

a) 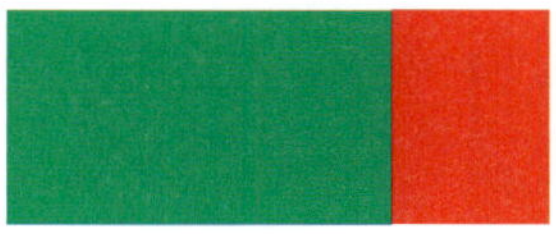

b) 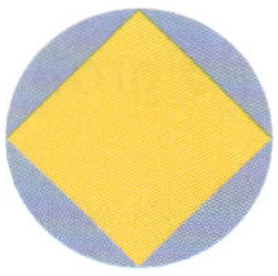

c) 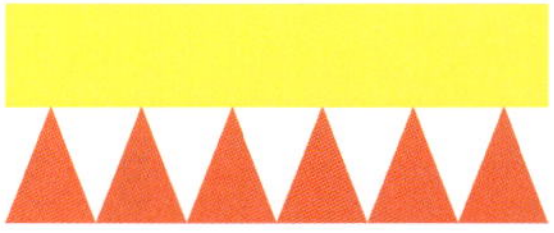

d) 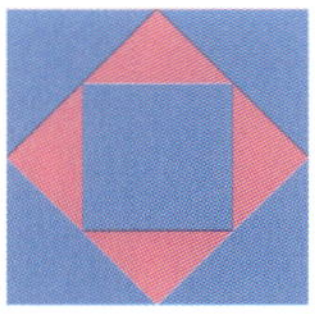

3 **AUFGABEN-WERKSTATT**

Zeichne Bilder mit Rechtecken, Quadraten, Dreiecken oder Kreisen in dein Heft und beschreibe sie.

6. Figuren und Formen

1 Vergrößere die Blumen.

a) Gänseblümchen

b) Narzisse

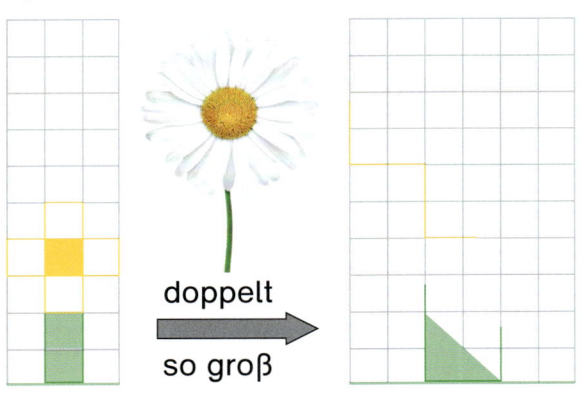
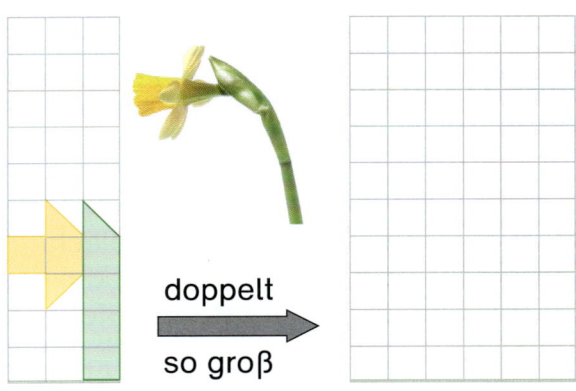

2 Verkleinere die Blumen.

a) Hyazinthe

b) Schneeglöckchen

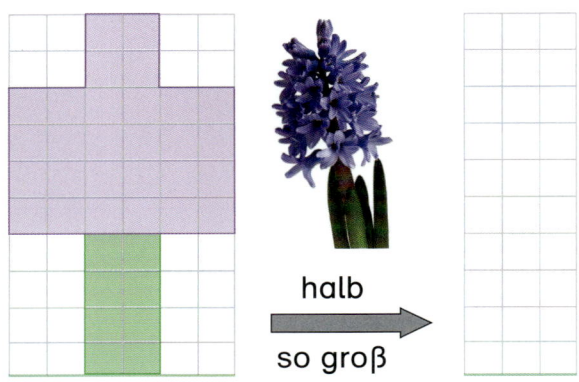
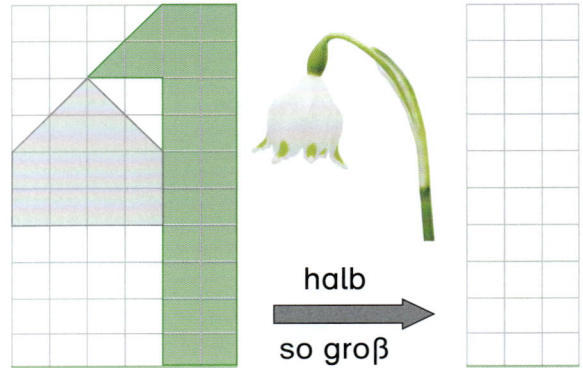

Bleib in Form!

3 Rechne.

6:2=___	8:4=___	35:5=___	30:3=___
60:2=___	80:4=___	350:5=___	300:3=___
15:3=___	28:7=___	42:6=___	40:8=___
150:3=___	280:7=___	420:6=___	400:8=___
20:5=___	16:4=___	16:2=___	36:9=___
200:5=___	160:4=___	160:2=___	360:9=___

Figuren vergrößern und verkleinern

6. Figuren und Formen

1 Wandle in Millimeter um.

| 1 Zentimeter = 10 Millimeter |
| 1 cm = 10 mm |

3 cm = _30 mm_

5 cm = _____   10 cm = _____   12 cm = _____

2 cm = _____   9 cm = _____   6 cm = _____

2 Wandle in Zentimeter um.

50 mm = _____   40 mm = _____   400 mm = _____

10 mm = _____   320 mm = _____   20 mm = _____

100 mm = _____   80 mm = _____   1 000 mm = _____

3 Miss mit dem Lineal und ordne den Bildern die richtigen Beschreibungen zu.

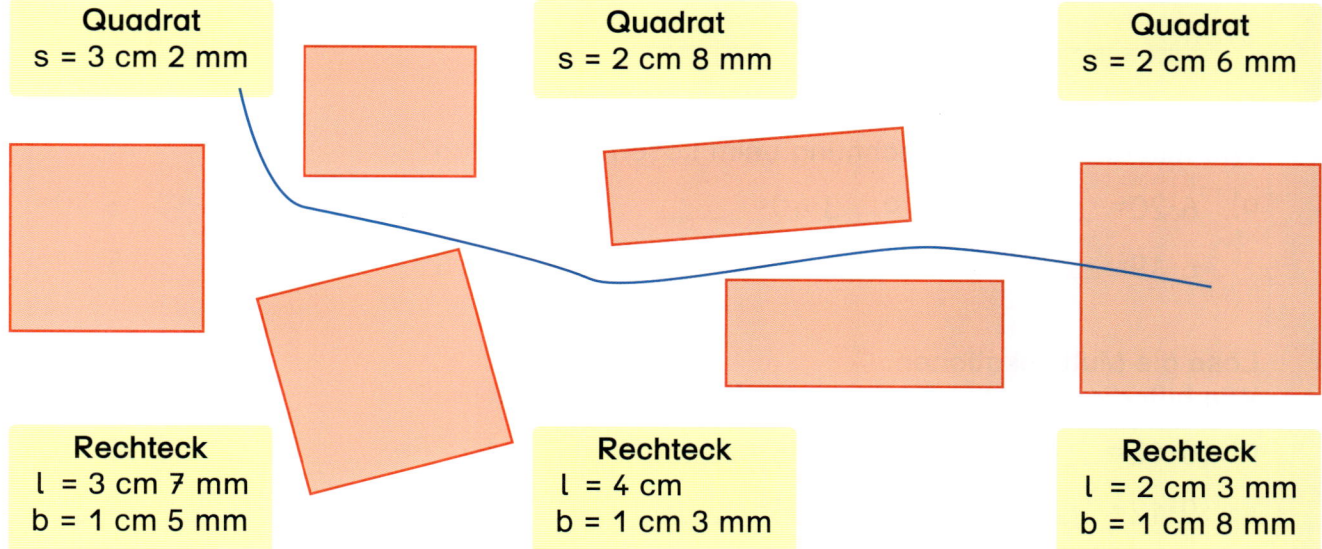

Quadrat s = 3 cm 2 mm
Quadrat s = 2 cm 8 mm
Quadrat s = 2 cm 6 mm

Rechteck l = 3 cm 7 mm b = 1 cm 5 mm
Rechteck l = 4 cm b = 1 cm 3 mm
Rechteck l = 2 cm 3 mm b = 1 cm 8 mm

4 Wandle in Millimeter um.

5 cm 3 mm = _53 mm_   1 cm 4 mm = _____   2 cm 5 mm = _____

4 cm 9 mm = _____   7 cm 2 mm = _____   2 cm 6 mm = _____

6 cm 2 mm = _____   8 cm 9 mm = _____   3 cm 7 mm = _____

5 Wandle in Zentimeter und Millimeter um.

17 mm = _1 cm 7 mm_   48 mm = _____   90 mm = _____

82 mm = _____   29 mm = _____   66 mm = _____

53 mm = _____   35 mm = _____   51 mm = _____

Messen mit dem Lineal, Zentimeter und Millimeter

7. Malnehmen und Teilen

1 Löse die Multiplikationen.

a) 3·54= _____

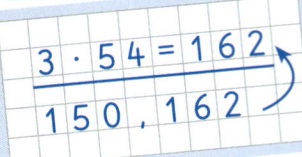

b) 4·37= _____

c) 5·83= _____

d) 8·26= _____

e) 3·92= _____

f) 6·48= _____

g) 9·45= _____

h) 7·34= _____

Malrechnen: Multiplikation, multiplizieren

2 Löse die Multiplikationen.
Wie hilft dir die obere Rechnung beim Lösen der unteren?

a) 6·20= _____
6·19= _____

b) 3·40= _____
3·39= _____

c) 8·100= _____
8· 99= _____

d) 5·90= _____
5·89= _____

3 Löse die Multiplikationen.
Wie hilft dir die obere Rechnung beim Lösen der unteren?

a) 10·12= _____
9·12= _____

b) 10·35= _____
9·35= _____

c) 10·45= _____
9·45= _____

d) 10·28= _____
9·28= _____

4 Löse die Aufgaben.

★ a) Multipliziere 38 mit 5.

b) Berechne das Ergebnis von 7 mal 69.

c) Wie lautet das Neunfache von 25?

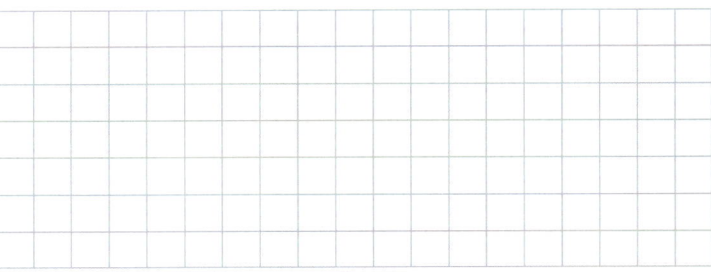

Bleib in Form!

5 Rechne geschickt.

140+99= _____   380+99= _____   720+99= _____   230+199= _____

Halbschriftliche Multiplikation: Rechenwege

7. Malnehmen und Teilen

1 Zeichne Balkenmodelle und rechne.

a) 4 · 72

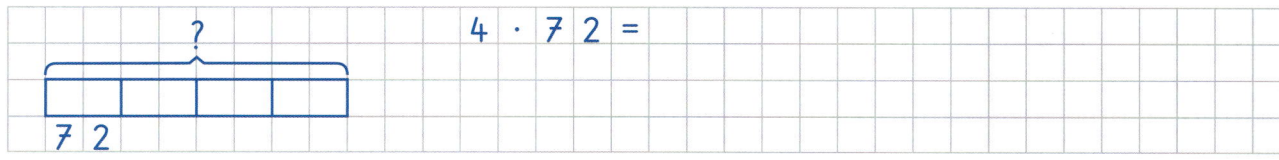

b) 9 · 58

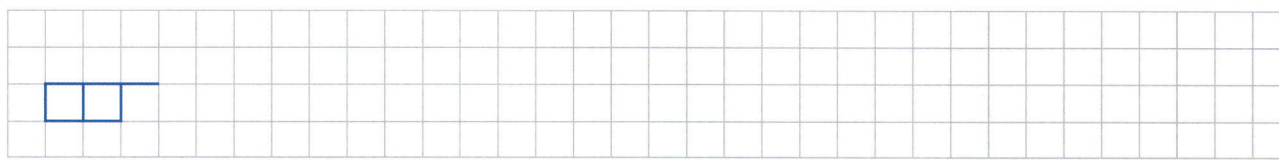

c) 3 · 153

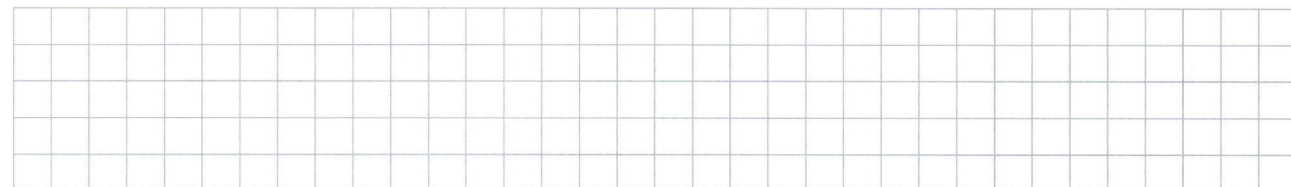

2 Zeichne Balkenmodelle und löse die Aufgaben.

a) Anita hat doppelt so viele Punkte erreicht wie Gerda.
Wie viele Punkte haben die Mädchen gemeinsam erreicht, wenn Gerda 26 Punkte erreicht hat?

b) Bert und Anton sammeln Kastanien.
Bert hat 19 Kastanien gefunden, Anton drei Mal so viele.
Wie viele Kastanien haben sie zusammen?

c) Luises Kette hat 14 Glasperlen.
Sigrids Kette hat vier Mal so viele Glasperlen.
Wie viele Perlen hat Sigrids Kette mehr als Luises?

Balkenmodelle für die Multiplikation

7. Malnehmen und Teilen

1 Dividiere.
Wie hilft dir die obere Rechnung beim Lösen der unteren?

a) 18:6= ___
180:6= ___

c) 28:7= ___
280:7= ___

e) 72:9= ___
720:9= ___

Teilen:
Division,
dividieren,
Quotient

b) 35:5= ___
350:5= ___

d) 42:6= ___
420:6= ___

f) 15:3= ___
150:3= ___

2 Löse die Divisionen.

a) 85:5= 17
50:5= 10
35:5= 7

c) 51:3= ___

e) 126:9= ___

g) 104:8= ___

b) 72:4= ___

d) 114:6= ___

f) 92:4= ___

h) 147:7= ___

3 Zeichne Balkenmodelle und rechne.

a) 132 : 4   b) 252 : 3   c) 416 : 8

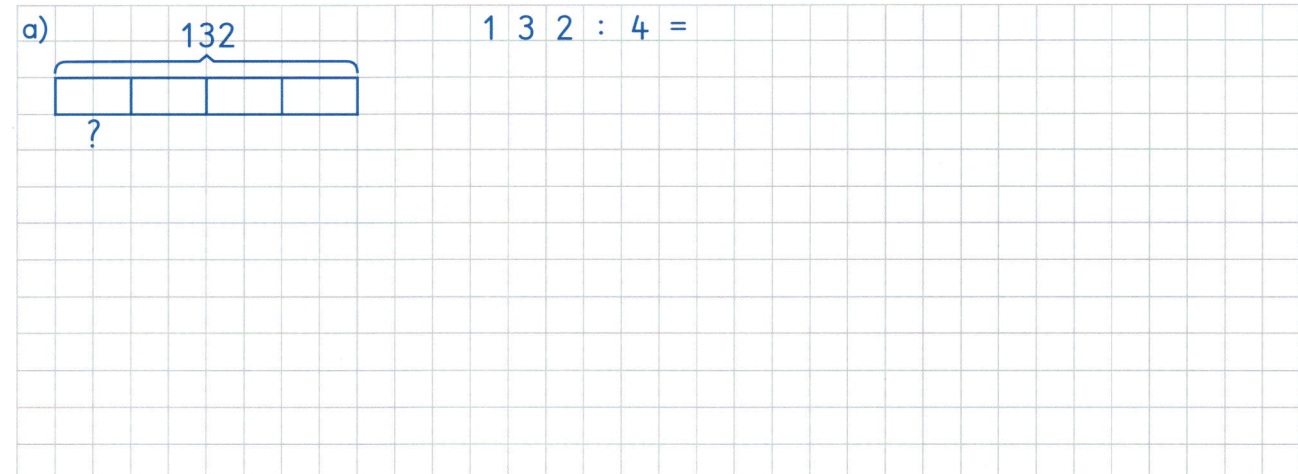

Bleib in Form!

4 Rechne geschickt.

470-99= ___   590-99= ___   240-99= ___   630-199= ___

Halbschriftliche Division: Rechenwege, Balkenmodelle

7. Malnehmen und Teilen

1 Zeichne Balkenmodelle und löse die Aufgaben.

a) Herr Conte ist fünf Mal so alt wie sein Sohn Paul.
Zusammen sind sie 48 Jahre alt.
Wie alt ist Paul?

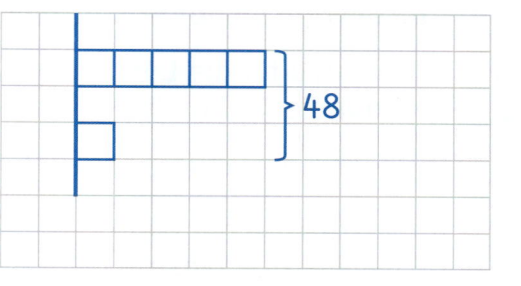

b) Auf einem Tisch stehen zwei Vasen.
In der großen Vase sind doppelt so viele Blumen
wie in der kleinen Vase.
Wie viele Blumen sind in der kleinen Vase,
wenn insgesamt 42 Blumen auf dem Tisch stehen?

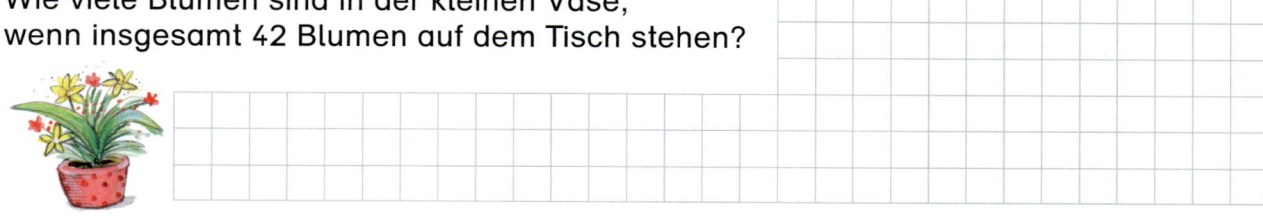

c) Beim Schwimmbad gibt es zwei Parkplätze.
Insgesamt haben 96 Autos Platz.
Der Parkplatz vorne ist drei Mal so groß
wie der Parkplatz hinten.
Wie viele Autos können vorne parken?

2 Löse die Aufgaben.

a) Andrea hat 38 Hühner und drei Hähne.
Andreas Hühner legen jeden Tag ein Ei.
Wie viele Eier hat Andrea nach einer Woche?

b) Jürgen pflückt 114 Äpfel.
Er verpackt sie in Tüten zu je 6 Stück.
Wie viele Tüten kann Jürgen füllen?

c) Auf dem Bauernhof leben 81 Schafe.
Hans, Edmund und Ronald scheren die Schafe.
Wie viele Schafe muss jeder scheren?

d) **AUFGABEN-WERKSTATT**

Denke dir selbst eine Aufgabe rund um einen
Bauernhof aus und löse sie.

Sachaufgaben zur Division, Balkenmodelle

8. Längenmaße

1 Die Karte zeigt das Gebiet des Geo-Naturparks Bergstraße-Odenwald mit einigen seiner Sehenswürdigkeiten.

Verwende für die Lösung der Aufgaben nur Straßen, die auf dieser Landkarte eingezeichnet sind.

a) Finde die Entfernungen.

Frankfurt am Main bis Grube Messel	30 km
Darmstadt bis Felsenmeer	
Würzburg bis Freilandmuseum	
Mannheim bis Heidelberger Schloss	
Freilandmuseum bis Obrunnschlucht	
Heidelberger Schloss bis Tropfsteinhöhle	

Entfernungen auf der Karte:
- Frankfurt am Main – Grube Messel: 30 km
- Darmstadt – Grube Messel: 10 km
- Grube Messel – Obrunnschlucht: 29 km
- Darmstadt – Felsenmeer: 23 km
- Felsenmeer – Obrunnschlucht: 35 km
- Kloster Lorsch – Felsenmeer: 15 km
- Obrunnschlucht – Freilandmuseum: 41 km
- Freilandmuseum – Würzburg: 70 km
- Freilandmuseum – Tropfsteinhöhle: 23 km
- Kloster Lorsch – Mannheim: 28 km
- Mannheim – Heidelberger Schloss: 19 km
- Heidelberger Schloss – Tropfsteinhöhle: 75 km

b) Wie lang ist jeweils der kürzeste Weg?

Von Würzburg bis zur Obrunnschlucht: _____

Vom Kloster Lorsch bis zum Freilandmuseum: _____

Von der Grube Messel bis zum Felsenmeer: _____

c) **AUFGABEN-WERKSTATT**

Finde selbst eine Frage zu der Landkarte und beantworte sie.

_____

2 Ergänze immer auf einen Kilometer.

800 m + 200 m = 1 km   750 m + _____

600 m + _____   840 m + _____

900 m + _____   620 m + _____

300 m + _____   985 m + _____

1 Kilometer = 1000 Meter
1 km = 1000 m

Bleib in Form!

3 Runde auf ganze Zehner.

624 ≈ _____   218 ≈ _____   395 ≈ _____   331 ≈ _____   512 ≈ _____

Orientierung auf Landkarten, Kilometer, Sachaufgaben

8. Längenmaße

Kommaschreibweise: 1,25 m = 1 m 25 cm

1 Ergänze die fehlenden Schreibweisen.

Stellentafel m	Stellentafel cm	Meter und Zentimeter	Kommaschreibweise
3	1 5	3 m 15 cm	3,15 m
2	4 7		
8	0 6		
		1 m 29 cm	
		6 m 50 cm	
			7,23 m
		4,06 m	

Stellentafel m	Stellentafel cm	Meter und Zentimeter	Kommaschreibweise
			0,24 m
	7 1 0		
			2,86 m
		59 m 45 cm	
		0 m 73 cm	
2	8 0 3		
	2 9 1		

2 Rechne um in Zentimeter.

a) ½ m = _50 cm_
 1,23 m = _____
 2,40 m = _____
 1½ m = _____

b) 3 m 35 cm = _____
 8 m 03 cm = _____
 0 m 47 cm = _____
 9 m 25 cm = _____

c) 7 ½ m = _____
 7,50 m = _____
 3,19 m = _____
 4 m = _____

3 Ordne diese Längen von der kleinsten bis zur größten.

a) ②. 124 cm
 ①. 1,09 m
 ③. 3 m

b) ○ 2 m 7 cm
 ○ 214 cm
 ○ 28 cm

c) ○ 4,60 m
 ○ 640 cm
 ○ 6 m 4 cm

d) ○ 2 ½ m
 ○ 212 cm
 ○ 2,2 m

4 Löse die Aufgaben.

a) Marie ist 1 m 32 cm groß. Adelheid ist um 11 cm kleiner. Wie groß ist Adelheid?

b) Ein Raum ist 2,65 cm hoch. Die Deckenlampe ist 1 m 20 cm lang. Wie hoch hängt die Lampe über dem Boden?

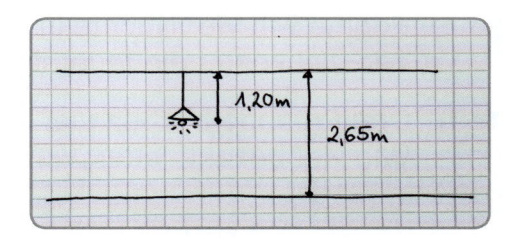

c) Die Tische in einem Gasthaus sind 1 m 35 cm lang. Für eine kleine Feier werden vier Tische aneinandergestellt. Wie lang ist die so entstandene Tischreihe?

★ d) Ein Auto ist 2,04 Meter breit. Die Einfahrt der Garage ist 2,42 Meter breit. Wie viele Zentimeter Platz bleibt zwischen Auto und Einfahrt, wenn das Auto genau in der Mitte in die Garage einfährt?

Längenmaße: Meter und Zentimeter, Kommaschreibweise, Sachaufgaben, ein halb

9. Rechnen mit Geld

1 Löse die Aufgaben mit Hilfe der Preisliste.

Hotel Rosen, Neustadt
★ ★ ★

	Normalpreis	jetzt nur
Einzelzimmer mit Frühstück	95,- €	89,- €
Doppelzimmer mit Frühstück	124,- €	97,- €

Hotel zur Tulpe, Neustadt
★ ★ ★ ★

	Normalpreis	jetzt nur
Einzelzimmer mit Frühstück	108,- €	95,- €
Doppelzimmer mit Frühstück	142,- €	129,- €

Jugendherberge, Neustadt
★ ★

	Normalpreis	jetzt nur
Ein Bett im Doppelzimmer	49,- €	45,- €
Ein Bett im Viererzimmer	39,- €	36,- €

a) Andrea nimmt ein Einzelzimmer im Hotel zur Tulpe für drei Nächte.
Wie viel bezahlt sie?

b) Wie viel ist das Doppelzimmer im Hotel Rosen jetzt günstiger als normalerweise?

c) Hans und Martina nehmen ein Doppelzimmer im Hotel Rosen für zwei Nächte.
Wie viel bezahlen sie?
Wie viel sparen sie durch den Angebotspreis?

★ d) Familie Brenner bucht vier Betten in einem Vierbettzimmer in der Jugendherberge.
Sie bleiben zwei Nächte.
Wie viel bezahlen sie?
Wie viel sparen sie durch den Angebotspreis?

★ e) Brigitte will vier Nächte in Neustadt bleiben.
Wie viel kostet die teuerste Möglichkeit mehr als die billigste?

★ f) Drei Freunde bleiben vier Nächte im Hotel Rosen.
Wie viel bezahlt jeder, wenn sie die Gesamtkosten gleich untereinander aufteilen?

g) **AUFGABEN-WERKSTATT**
Denke dir selbst eine Aufgabe zu den Hotelangeboten aus und löse sie.

Bleib in Form!

2 Schreibe mit Komma.

1 m 25 cm = _____   3 m 48 cm = _____   2 m 7 cm = _____

Lösen von Sachaufgaben mit Geld

9. Rechnen mit Geld

1 Wie viel Geld ist das?

a) 2 € 12 ct

b) _____

c) _____

d) _____

e) _____

1 Euro = 100 Cent
1 € = 100 ct

2 Ergänze immer auf einen Euro.

50 ct + 50 ct = 1 €   10 ct + _____   75 ct + _____   59 ct + _____

80 ct + _____   60 ct + _____   92 ct + _____   34 ct + _____

3 Ergänze die fehlenden Schreibweisen.

Kommaschreibweise: 2 € 30 ct = 2,30 €

Stellentafel			Euro und Cent	Komma-schreibweise
€	ct			
5	0	2	5 € 2 ct	5,02 €
1	9	0		
3	7	5		
			2 € 50 ct	
			4 € 12 ct	
				8,70 €
				6,04 €

Stellentafel			Euro und Cent	Komma-schreibweise
€	ct			
				19,50 €
2	7	0	9	
				32,95 €
			15 € 14 ct	
			0 € 3 ct	
5	4	4	0	
		7	8	

4 Schreibe in Euro und Cent und in Euro mit Komma.

a) 245 ct = 2 € 45 ct = 2,45 €   d) 390 ct = _____ = _____

b) 682 ct = _____ = _____   e) 402 ct = _____ = _____

c) 105 ct = _____ = _____   f) 764 ct = _____ = _____

5 Wie viel Geld ist das?

a) Zwei Cent weniger als ein Euro: _____   c) 30 Cent weniger als 10 Euro: _____

b) Drei Euro mehr als 50 Cent: _____   d) 5 Cent weniger als 3 Euro: _____

Euro und Cent, Kommaschreibweise

9. Rechnen mit Geld

Ninas Schreibwaren

			Heft	1,79 €
			Collegeblock	2,39 €
			Zeichenblock	3,29 €
Bleistift	0,69 €	Buntstift 0,99 €	Füllfederhalter	12,95 €
Radierer	1,10 €	Buntstifte (6 Stück) 4,29 €	Tintenpatronen	0,59 €
Spitzer	0,65 €	Filzstifte (6 Stück) 5,39 €	Tintenlöscher	1,38 €

1 Wie viel bezahlen die Kinder?

a) Anna kauft einen Bleistift und einen Radierer.

b) Helge kauft drei Buntstifte.

★ c) Maja kauft einen Füllfederhalter, einen Tintenlöscher und eine Packung Tintenpatronen.

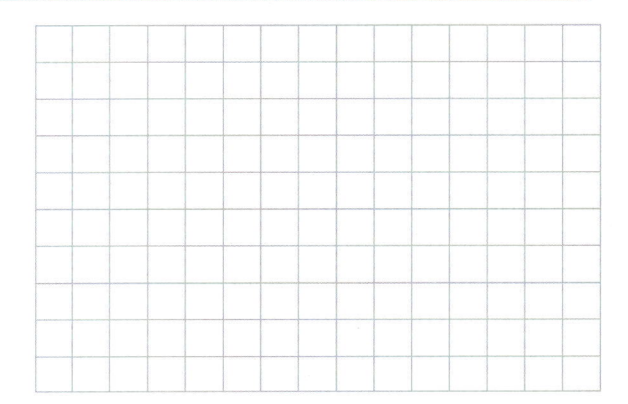

d) **AUFGABEN-WERKSTATT**

Denke dir selbst eine Einkaufsaufgabe aus und löse sie.

2 Berechne jeweils das Rückgeld.

a) Leona kauft einen Tintenlöscher. Sie bezahlt mit einer 2-Euro-Münze.

b) Nils kauft eine Packung Buntstifte. Er bezahlt mit einem 10-Euro-Schein.

c) Andreas kauft einen Zeichenblock und zwei Hefte. Er bezahlt mit einem 20-Euro-Schein.

d) **AUFGABEN-WERKSTATT**

Denke dir selbst eine Aufgabe aus und löse sie.

Bleib in form!

3 Wandle um in Zentimeter.

2 m = _____   5 m 37 cm = _____   6,32 m = _____

½ m = _____   1 m 6 cm = _____   2,05 m = _____

Lösen von Sachaufgaben mit Geld, Kommaschreibweise

10. Zeig, was du kannst!

Ebene Figuren

1 Zeichne Bilder frei Hand, die zu diesen Beschreibungen passen.

a) Ein rotes Quadrat steht links,
   ein gelbes Dreieck steht rechts.

b) Zwischen zwei grauen Kreisen
   steht ein grünes Rechteck.
   Das Rechteck ist größer als die Kreise.

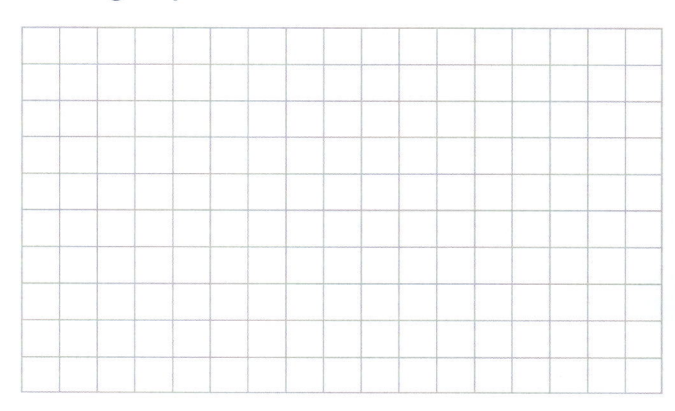

2 Wandle in Zentimeter und Millimeter um.

a) 63 mm = _6 cm 3 mm_   c) 50 mm = _____

b) 17 mm = _____   d) 130 mm = _____

Hole dir deinen Stern! 6

3

a) Ergänze die Spiegelbilder.

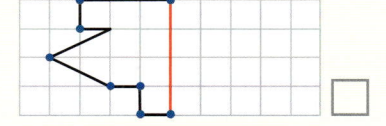

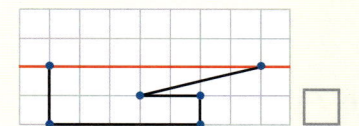

b) Wie lang sind diese Strecken?
   Gib die Ergebnisse in Zentimeter und Millimeter an.

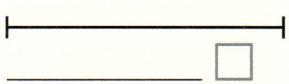

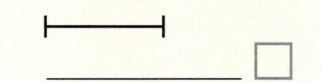

c) Wandle in Millimeter um.

   3 cm = _____   28 cm 5 m = _____

Die Lösungen findest du auf Seite 86.

Jede richtig gelöste Aufgabe zählt einen Punkt!

Erreichte Punkte: _____

Male deinen Stern an:

0 bis 3 Punkte: rot   ... Lass dir den Umgang mit dem Lineal noch einmal zeigen.

4 bis 6 Punkte: silber   ... Arbeite noch etwas genauer, dann hast du's!

7 Punkte: gold   ... Wunderbar! Du arbeitest sicher und gründlich.

Wiederholung: geometrische Figuren, Symmetrie, Zentimeter und Millimeter
3) Selbsttest.

10. Zeig, was du kannst!

Mal und geteilt

1 Rechne und kontrolliere selbst deine Lösungen.

Lösungen: 248 312 576 597

a) 4·78= _____

b) 8·31= _____

c) 9·64= _____

d) 3·199= _____

2 Berechne die gesuchten Zahlen.

a) 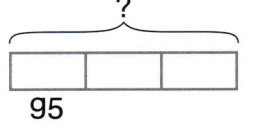 ? — 95

b) 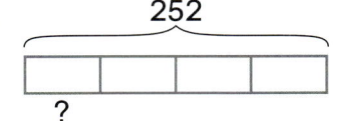 252 — ?

c) 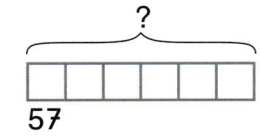 ? — 57

Hole dir deinen Stern! ⭐ 7

3 a) Rechne.

8·64= _____

9·47= _____

168:4= _____

b) Mulltipliziere 7 und 84.

c) Dividiere 328 durch 2.

d) Vier Piraten finden einen Schatz. Wie viel bekommt jeder, wenn sie die 124 Goldmünzen gerecht teilen?

Die Lösungen findest du auf Seite 87.

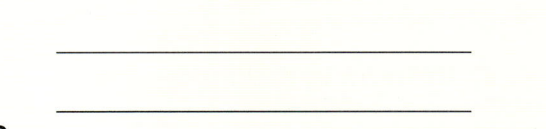

Jede richtig gelöste Aufgabe zählt einen Punkt!

Erreichte Punkte: _____

Male deinen Stern an:

0 bis 3 Punkte: rot … Finde heraus, was dir bei diesen Aufgaben so schwer fällt.

4 bis 5 Punkte: silber … Übe die Malreihen, dann verrechnest du dich weniger!

6 Punkte: gold … Glückwunsch! Diesen goldenen Stern hast du dir verdient!

Wiederholung: halbschriftliche Multiplikation und Division, Balkenmodelle, Sachaufgaben
3) Selbsttest.

10. Zeig, was du kannst!

Längenmaße

1 Der Weg von der Schule bis zum Schwimmbad ist 2 Kilometer lang.
Dieter ist schon 1 Kilometer und 200 Meter gegangen.
Wie weit muss er noch laufen?

2 Ludwig ist 1 m 25 cm groß.
Hans ist 30 cm kleiner.
Wie groß ist Hans?

Hole dir deinen Stern! 8

3

a) Wie weit kommt man in etwa, wenn man eine Stunde spazieren geht? Kreuze an.
○ 4 km
○ 400 m
○ 40 km

b) Ergänze immer auf einen Kilometer.

720 m + _____   957 m + _____

c) Wandle um in Zentimeter.

4 m 35 cm = _____   1,35 cm = _____   0,16 m = _____

d) Schreibe in Meter mit Kommaschreibweise.

1 m 8 cm = _____   810 cm = _____   2 m 15 cm = _____

e) Eine Truhe ist einen Meter hoch.
Auf der Truhe steht eine Kiste, die $\frac{1}{2}$ m hoch ist.
Auf der Kiste steht eine 32 cm hohe Schachtel.
Wie hoch ist dieses Gebilde?

Die Lösungen findest du auf Seite 87.

Jede richtig gelöste Aufgabe zählt einen Punkt!

Erreichte Punkte: _____

Male deinen Stern an:

0 bis 5 Punkte: rot ... Lass dir die Längenmaße vom Zentimeter bis zum Kilometer noch einmal erklären.

6 bis 8 Punkte: silber ... Bist du schon sattelfest bei der Kommaschreibweise?

9 bis 10 Punkte: gold ... Bestens! Mit Längenmaßen kennst du dich aus.

Wiederholung: Längenmaße, Sachaufgaben, Kommaschreibweise
3) Selbsttest.

10. Zeig, was du kannst!

Rechnen mit Geld

1 Frau Berger kauft einen Hut zum Preis von 79 Euro.
Sie bezahlt mit einem 100-Euro-Schein.
Berechne das Rückgeld.

2 Ergänze immer auf einen Euro.

70 ct + <u>30 ct = 1 €</u> 20 ct + _____ 1 ct + _____ 25 ct + _____

98 ct + _____ 50 ct + _____ 15 ct + _____ 4 ct + _____

3 Schreibe in Euro und Cent und in Euro mit Komma.

a) 108 ct = <u>1 € 8 ct</u> = <u>1,08 €</u>   c) 590 ct = _____ = _____

b) 605 ct = _____ = _____   d) 139 ct = _____ = _____

Hole dir deinen Stern!   g

4
a) Herr Huber bezahlt für drei Liegestühle 282 Euro.
Wie viel kostet ein Liegestuhl?

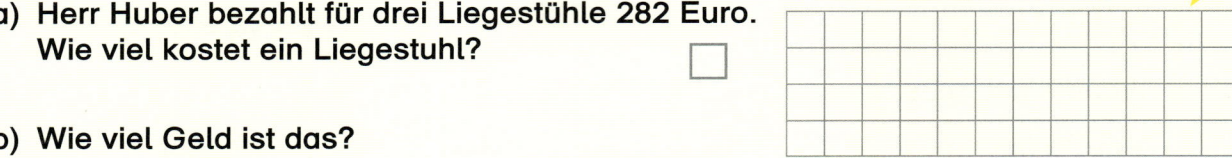

b) Wie viel Geld ist das?

c) Ilse kauft einen Bleistift für 59 Cent und einen Radierer für 90 Cent.

Wie viel kostet das?

Ilse bezahlt mit einer 2-Euro-Münze.
Berechne das Rückgeld.

Die Lösungen findest du auf Seite 87.

Jede richtig gelöste Aufgabe zählt einen Punkt!

Erreichte Punkte: _____

Male deinen Stern an:

0 bis 2 Punkte: rot   ... Bist du bei den Zahlen bis 1000 schon ganz sicher?

3 bis 4 Punkte: silber ... Mit etwas Übung wirst du bald alles können!

5 bis 6 Punkte: gold   ... Toll gemacht! Auf den Cent genau gerechnet.

Wiederholung: Rechnen mit Geld, Kommaschreibweise, Sachaufgaben
4) Selbsttest.

11. Schriftliche Addition

Schriftliche Addition

Addition heißt Plusrechnung.
Statt plusrechnen kann man auch addieren sagen.
Schreibe die Zahlen untereinander.
Dann rechne Spalte für Spalte.

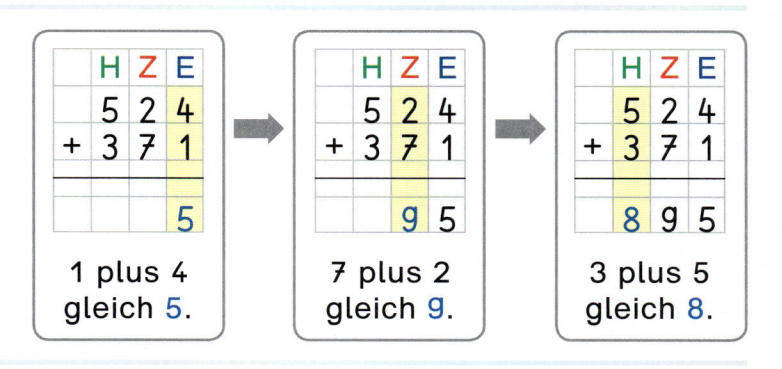

H	Z	E
5	2	4
+3	7	1
		5

1 plus 4 gleich 5.

H	Z	E
5	2	4
+3	7	1
	9	5

7 plus 2 gleich 9.

H	Z	E
5	2	4
+3	7	1
8	9	5

3 plus 5 gleich 8.

1 Rechne und kontrolliere selbst die Ergebnisse.

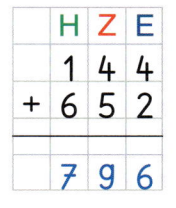

144 + 652 = 796

325 + 401

637 + 51

424 + 153

203 + 142

863 + 24

76 + 913

442 + 523

521 + 324

Lösungen: 345 577 688 726 ~~796~~ 845 887 965 989

2 Rechne und kontrolliere selbst die Ergebnisse.

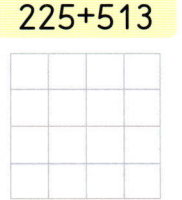

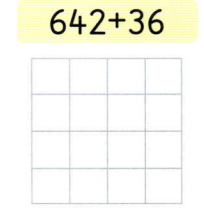

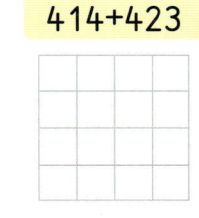

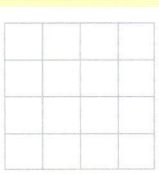

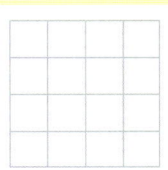

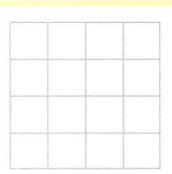

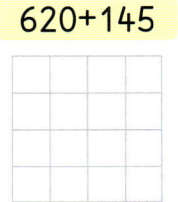

307 + 211 = 518

431 + 164

225 + 513

642 + 36

414 + 423

527 + 221

952 + 33

716 + 163

203 + 71

620 + 145

267 + 530

76 + 211

471 + 8

Lösungen: 274 287 479 ✓518 595 678 738 748 765 797 837 879 985

Schriftliche Addition ohne Übertrag
2) Auf klare Schrift achten, um Fehler zu vermeiden.

11. Schriftliche Addition

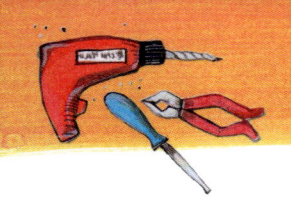

Addition mit Übertrag

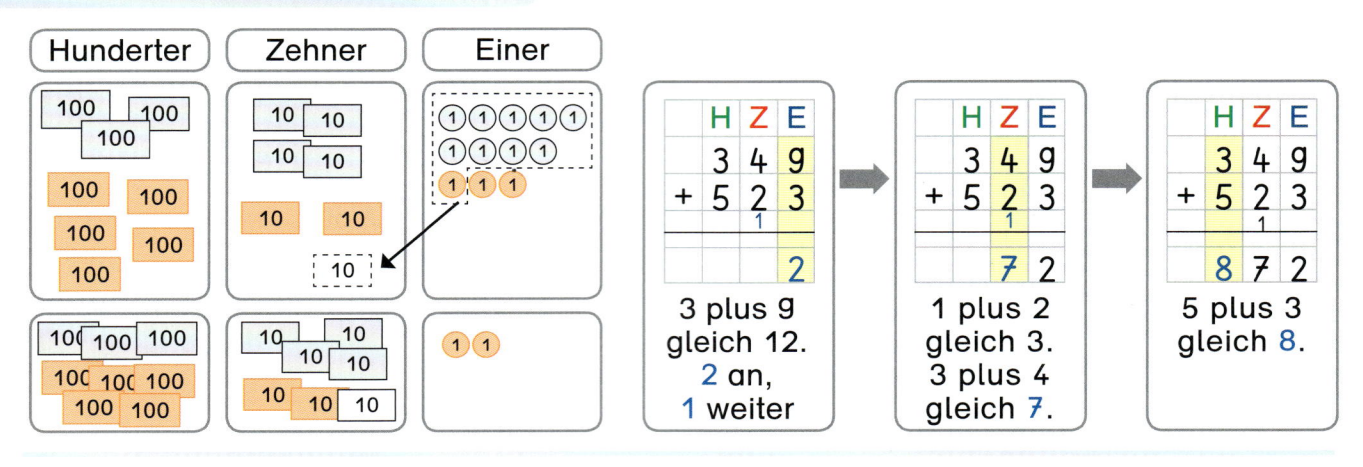

H	Z	E
3	4	9
+5	2	3
	1	
		2

3 plus 9 gleich 12.
2 an,
1 weiter

H	Z	E
3	4	9
+5	2	3
	1	
	7	2

1 plus 2 gleich 3.
3 plus 4 gleich 7.

H	Z	E
3	4	9
+5	2	3
	1	
8	7	2

5 plus 3 gleich 8.

1 Rechne und kontrolliere selbst die Ergebnisse.

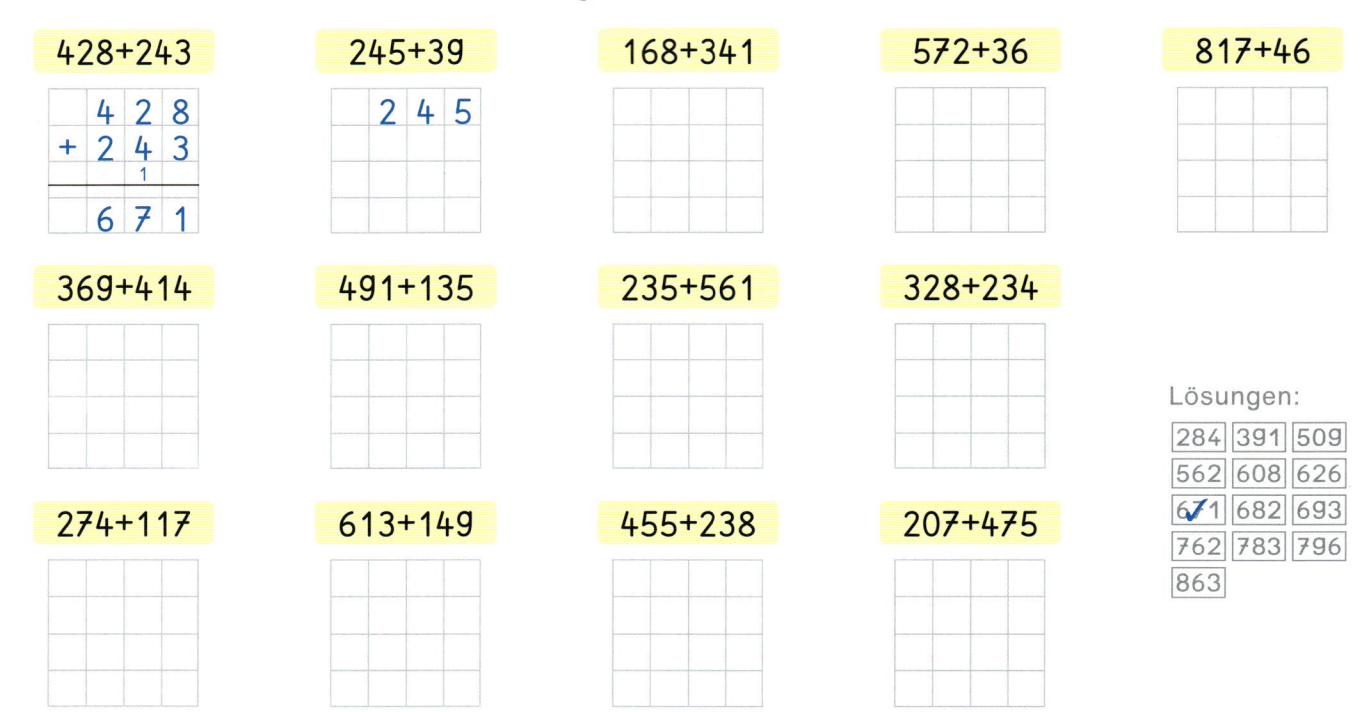

428+243   245+39   168+341   572+36   817+46

```
  4 2 8
+ 2 4 3
    1
  6 7 1
```

```
    2 4 5
```

369+414   491+135   235+561   328+234

274+117   613+149   455+238   207+475

Lösungen:
284 391 509
562 608 626
6̶7̶1̶ 682 693
762 783 796
863

Bleib in Form!

2 Wie viel Geld ist das?

a) 10 Cent weniger als 1 Euro: _____
b) 50 Cent weniger als 5 Euro: _____
c) 1 Cent mehr als 10 Euro: _____
d) 3 Cent weniger als 2 Euro: _____

Schriftliche Addition mit Übertrag

11. Schriftliche Addition

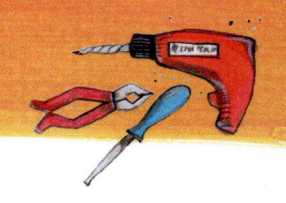

1 Rechne und kontrolliere selbst die Ergebnisse.

386+145   687+228   186+189   723+198

```
  3 8 6
+ 1 4 5
  1 1
  5 3 1
```

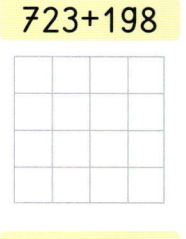

Es können auch mehrere Überträge in einer Rechnung auftreten!

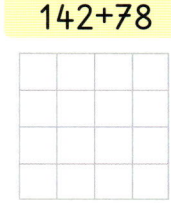

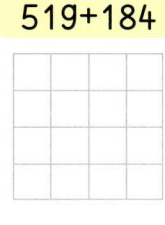

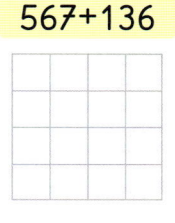

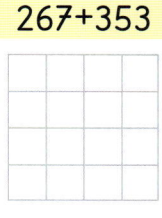

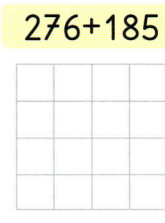

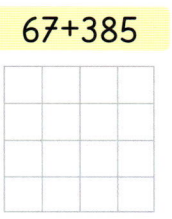

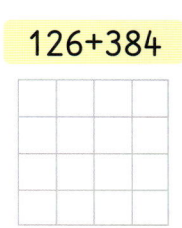

142+78   519+184   567+136   267+353

559+348   276+185   67+385   126+384

Lösungen:
220	375	452
461	510	531
620	703	703
907	915	921

2 Kopfrechnen oder schriftlich rechnen? Entscheide bei jeder Aufgabe selbst.

a) 632 + 200
b) 458 + 395
c) 750 + 120
d) 100 + 543

3 Löse diese Aufgaben in deinem Heft.

a) Das Stadtkino hat zwei Säle. Saal A hat 156 Plätze, Saal B hat 82 Plätze. Wie viele Plätze hat das Stadtkino insgesamt?

b) Vor dem Kino parken 149 Autos. 125 Parkplätze sind noch frei. Wie viele Parkplätze hat das Kino insgesamt?

c) Zur Erstaufführung des Films „Dudu und der Mäuseschreck" wurden 217 Kinderkarten und 153 Erwachsenenkarten verkauft. Wie viele Leute waren in dieser Vorstellung?

d) Der Film „Haltet den Kochlöffel" wurde heute zweimal gezeigt. Um 14:30 Uhr wurden 57 Karten verkauft, um 17:00 Uhr waren es 101 Karten. Wie viele Menschen haben den Film heute insgesamt gesehen?

Schriftliche Addition, Sachaufgaben

11. Schriftliche Addition

1 Addiere die Geldbeträge.
Schreibe immer Komma unter Komma!

15,27 € + 6,15 €

```
    1 5 , 2 7 €
+     6 , 1 5 €
    ¹   ¹
    2 1 , 4 2 €
```

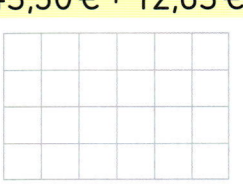

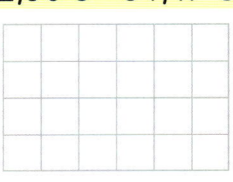

45,30 € + 12,65 €

2,90 € + 34,47 €

64,82 € + 17,15 €

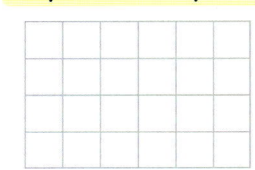

34,08 € + 21,49 €

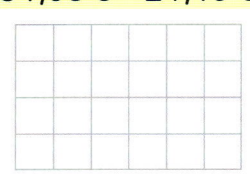

3,77 € + 19,20 €

72,63 € + 21,85 €

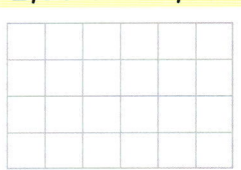

1,54 € + 8,92 €

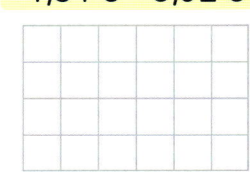

1,99 € + 35,54 €

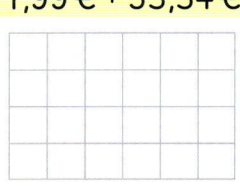

52,18 € + 31,90 €

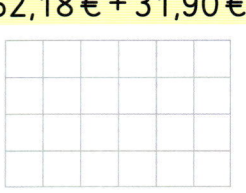

91,78 € + 6,25 €

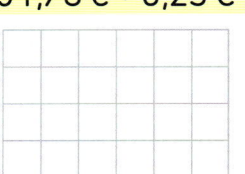

Lösungen:
10,46	21,42	22,97
37,37	37,53	55,57
57,95	81,97	84,08
94,48	98,03	

2 Wie viel bezahlen die Kunden in Toms Tenniswelt?

Tennisschläger		Tennisschuhe		Zubehör	
Kinder	€ 37,90	Kinder	€ 42,50	Bälle	€ 8,95
Damen	€ 74,50	Damen	€ 84,90	Kappe	€ 19,90
Herren	€ 82,99	Herren	€ 79,99	Tasche	€ 34,79

Toms Tenniswelt

a) Frau Gökcan kauft einen Schläger und Schuhe für ihre Tochter Azra.

b) Bernhard kauft Bälle und eine Tasche.

c) Herr Kotowski kauft für sich Tennisschuhe und eine Kappe.

d) Herr und Frau Meier kaufen für sich Tennisschläger.

3 Timo bezahlt in Toms Tenniswelt 114,78 €. Was könnte er gekauft haben?

4 AUFGABEN-WERKSTATT

Denke dir selbst drei Aufgaben zu Toms Tenniswelt aus und löse sie.

Bleib in Form!

5 Wie lauten die Nachbarzahlen?

____ 418 ____   ____ 200 ____   ____ 789 ____   ____ 364 ____

Schriftliche Addition mit Komma, Sachaufgaben

12. Geometrische Körper

1 Cedric, Linn und Nora machen Fotos. Zeichne, wie ihre Bilder aussehen werden.

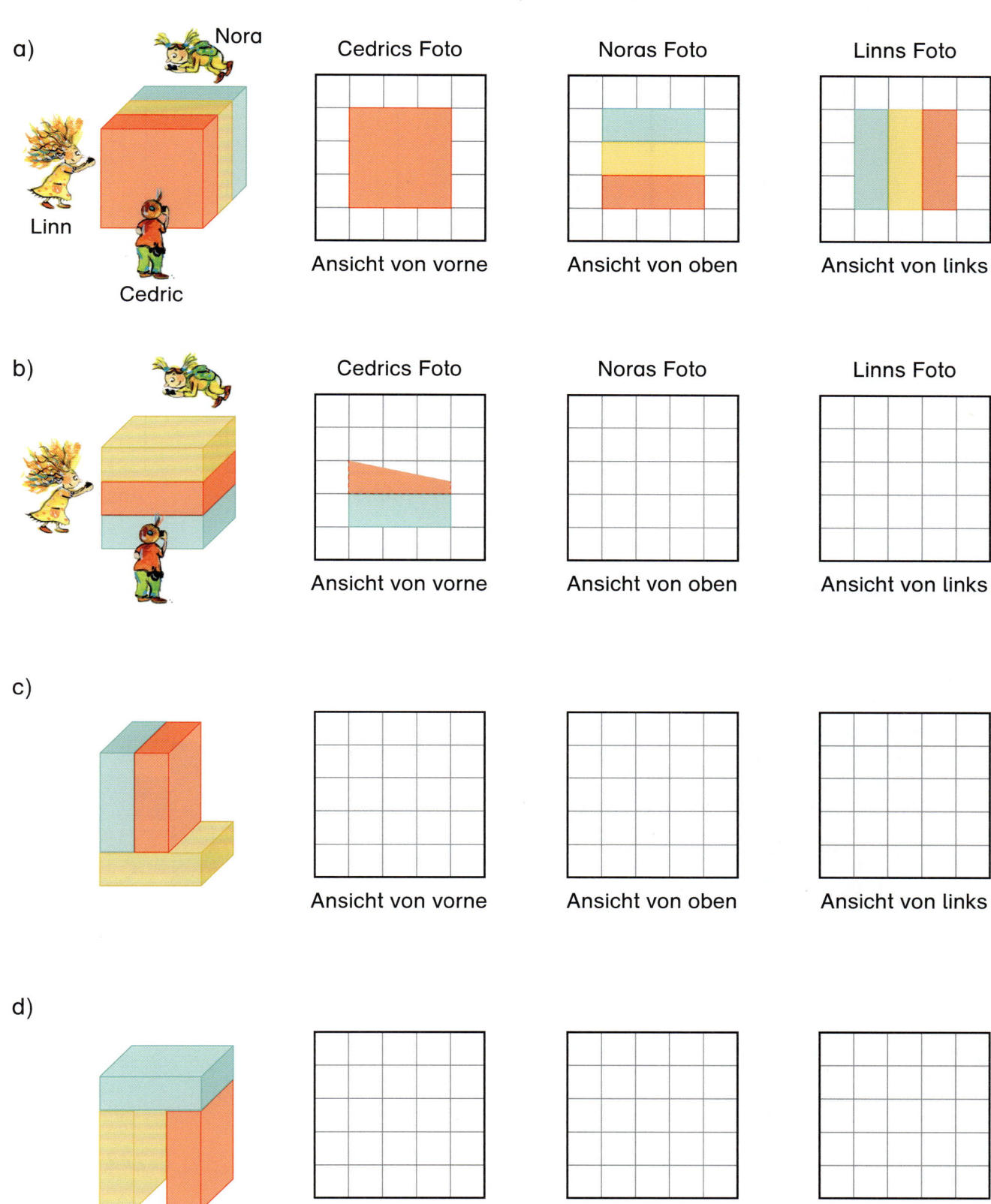

a)

Cedrics Foto — Ansicht von vorne
Noras Foto — Ansicht von oben
Linns Foto — Ansicht von links

b)

Cedrics Foto — Ansicht von vorne
Noras Foto — Ansicht von oben
Linns Foto — Ansicht von links

c)

Ansicht von vorne
Ansicht von oben
Ansicht von links

d)

Ansicht von vorne
Ansicht von oben
Ansicht von links

Orientierung im Raum: Ansichten von Bauwerken

51

12. Geometrische Körper

1 Zeichne auf, wie die Bauwerke aussehen, wenn man sie von vorne, von oben oder von links betrachtet.

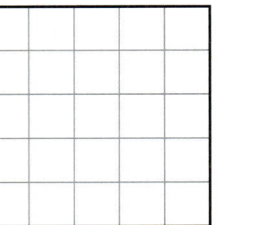

a)

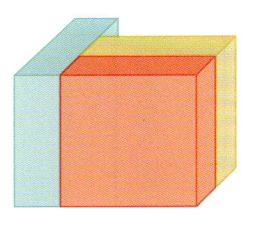

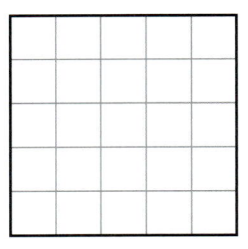

Ansicht von vorne   Ansicht von oben   Ansicht von links

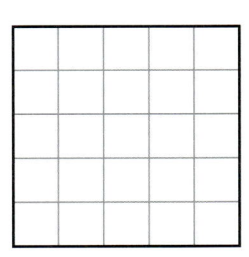

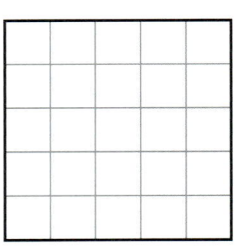

b)

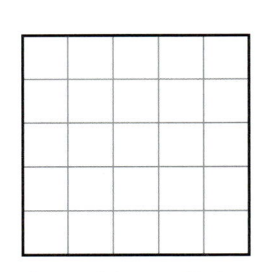

Ansicht von vorne   Ansicht von oben   Ansicht von links

2 Andrea und Helene haben bunte Holzstäbe aufeinander gelegt und die Ansicht von oben gezeichnet.

Hat eines der Mädchen richtig gezeichnet?
Begründe deine Antwort.

Andrea
☐ richtig 
☐ falsch

Helene 
☐ richtig
☐ falsch

Bleib in Form!

3 Rechne und kontrolliere selbst die Ergebnisse.

612+154=____   228+343=____   784+52=____   408+352=____   278+526=____

Lösungen: 571 760 766 804 836

Orientierung im Raum: Ansichten von Bauwerken

12. Geometrische Körper

1 Erstelle die Baupläne für diese Bauwerke.

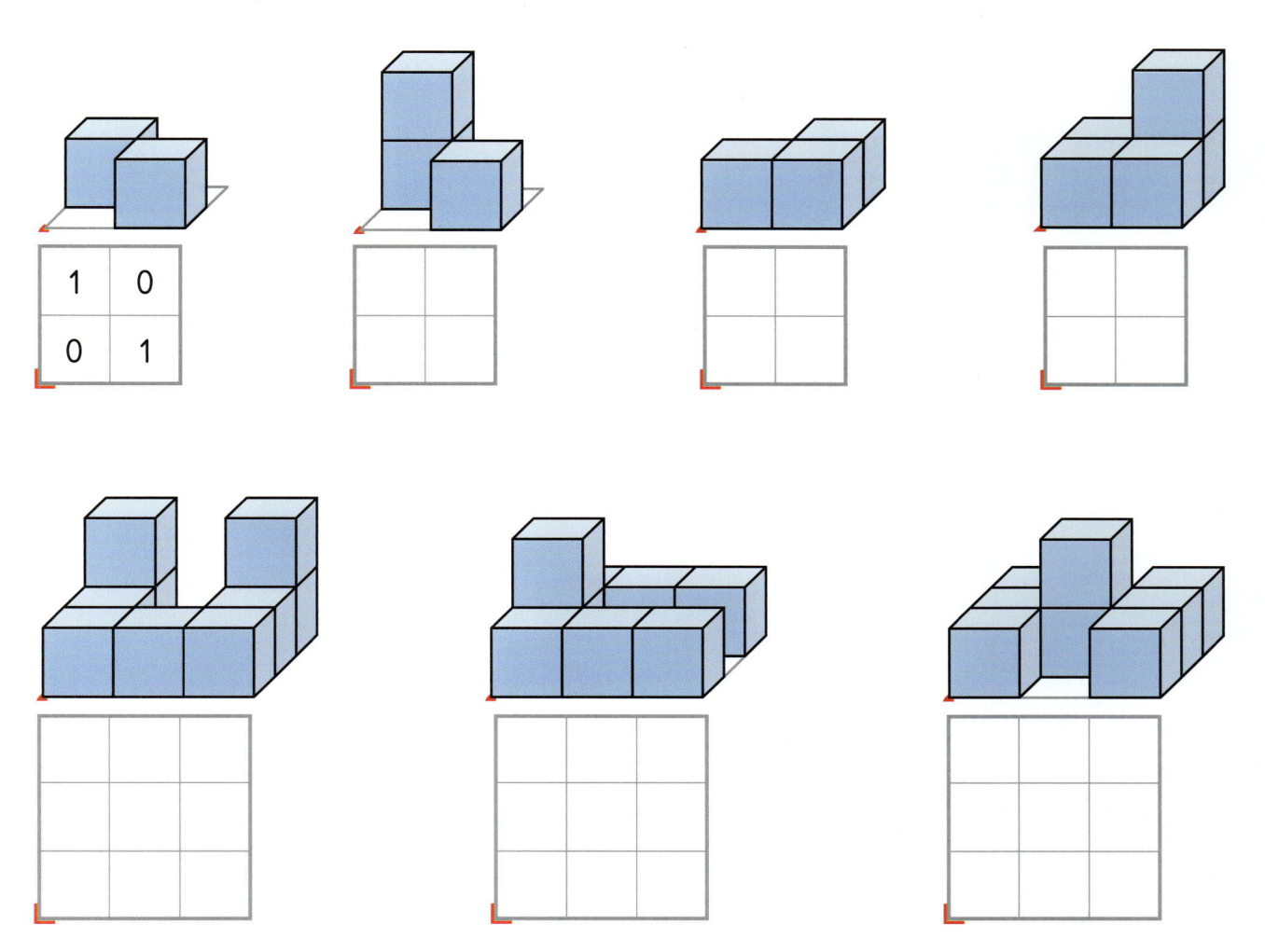

1	0
0	1

2 Male die Bausteine in der richtigen Farbe an und zähle sie.

Art	Farbe	Anzahl
Würfel	grün	4
Quader	gelb	
Zylinder	blau	
Pyramide	schwarz	
Kegel	rot	

Baupläne und Bauwerke, Körperbezeichnungen

12. Geometrische Körper

1 Welches Netz gehört zu welchem Körper? Verbinde, was zusammengehört.

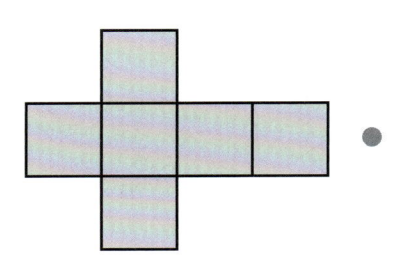

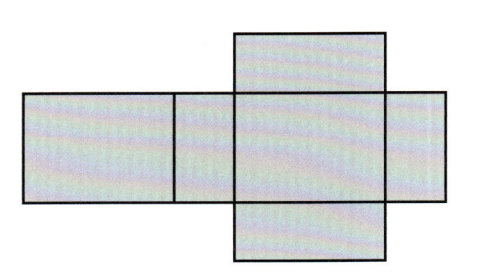

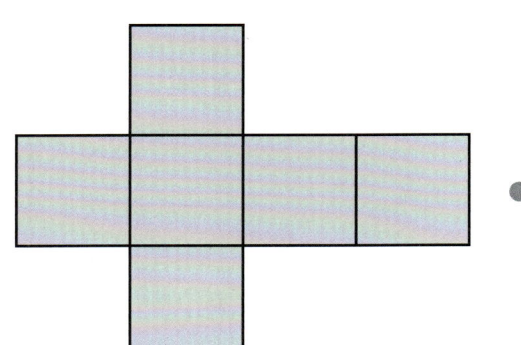

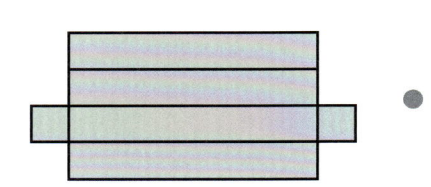

> Ein **Netz** zeigt, wie ein Körper aussieht, wenn man ihn auffaltet.

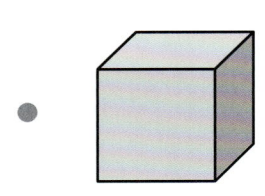

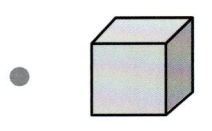

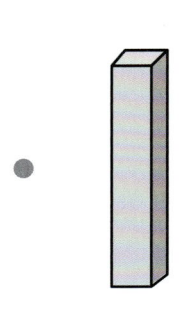

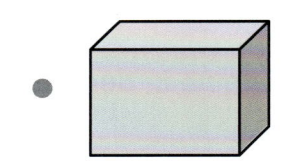

Bleib in Form!

2 Addiere die Geldbeträge.

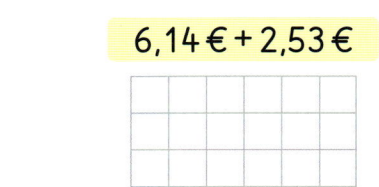

| 6,14 € + 2,53 € | 10,15 € + 3,27 € | 8,04 € + 3,91 € | 56,95 € + 37,44 € |

Geometrie: Würfel- und Quadernetze

13. Gewicht

1 Rechne.

1 kg − 100 g = __900 g__   1 kg − 600 g = _____

1 kg − 200 g = _____   1 kg − 700 g = _____

> 1 Kilogramm = 1000 Gramm
> 1 kg = 1000 g
> ½ kg = 500 g

1 kg − 500 g = _____   1 kg − 10 g = _____   1 kg − 250 g = _____

1 kg − 300 g = _____   1 kg − 800 g = _____   1 kg − 750 g = _____

2 Hilf Gianni die richtigen Gewichte auf seine Balkenwaage zu legen.

Das will Gianni abwiegen:	500 g	200 g	200 g	100 g	50 g	20 g	20 g	10 g
250 g Mehl		X			X			
210 g Kokos								
760 g Zucker								
1 kg Butter								
490 g Nüsse								
320 g Cornflakes								

3 Ordne nach dem Gewicht.

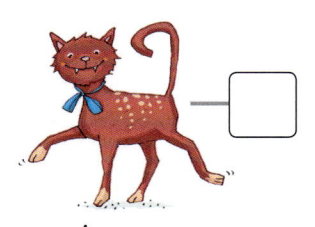

250 g   4 kg   600 g   1 kg   25 kg (1.)

Maßeinheiten: Gramm und Kilogramm

13. Gewicht

1 Diese Gewichte hat Gianni auf die Waage gelegt.
Schreibe das Gewicht der Zutaten auf.

	500 g	200 g	200 g	100 g	50 g	20 g	20 g	10 g	
Honig	X			X	X				620 g
Zucker		X	X					X	
Butter		X			X	X			
Nüsse	X		X				X		
Gewürze					X	X	X		
Datteln		X		X					
Mehl	X	X		X					
Mohn			X			X	X		
Kakao		X					X	X	

2 Wie schwer sind die Ponys mit ihren Reitern?

Pony		a)	b)	c)	d)
	Name	Bless	La Belle	Jacco	Gabun
	Gewicht	170 kg	150 kg	190 kg	170 kg
Reiter/in	Name	Antonia	Lisa	Gregor	Tim
	Gewicht	40 kg	30 kg	50 kg	40 kg
Gesamtgewicht:					

Bleib in Form!

3 Welche Ziffer fehlt?

```
    1 2              7 _            1 4             6 1            _ 9 4
+ 1 _ 5          + 5 _ _        + 6 5           +   1 4        + 2 _ 8
_____        _____      _____       _____      _____
    5 5            8 7 9            _ 0 6           _ 9 1          5 4 _
```

Maßeinheiten: Gramm und Kilogramm

14. Schriftliche Subtraktion

Schriftliche Subtraktion

Subtraktion heißt Minusrechnung.
Statt minusrechnen kann man auch subtrahieren sagen.
Schreibe stellenrichtig untereinander und rechne Spalte für Spalte.

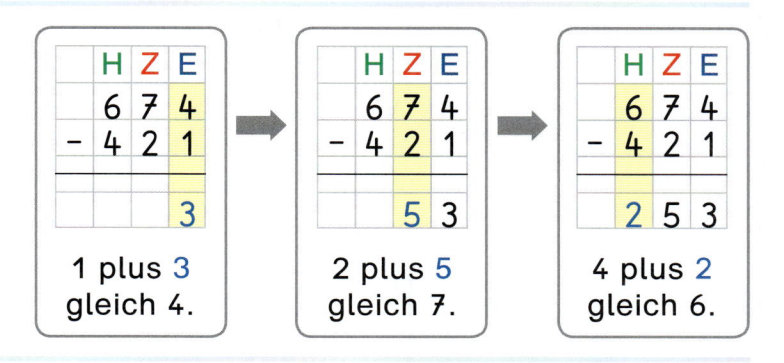

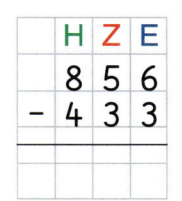

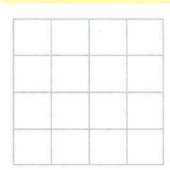

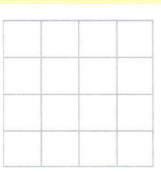

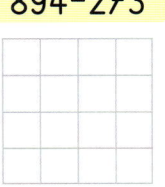

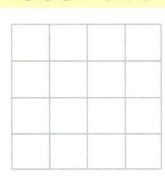

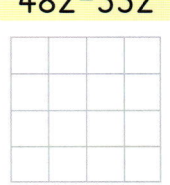

H	Z	E
6	7	4
-4	2	1
		3

1 plus 3 gleich 4.

H	Z	E
6	7	4
-4	2	1
	5	3

2 plus 5 gleich 7.

H	Z	E
6	7	4
-4	2	1
2	5	3

4 plus 2 gleich 6.

1 Rechne und kontrolliere selbst die Ergebnisse.

725 − 213
883 − 642
591 − 60
473 − 401
856 − 433
964 − 513

896 − 372
267 − 54
827 − 504
982 − 642
586 − 352

Lösungen:
72 213 234
241 323 340
423 451 512
524 531

2 Rechne und kontrolliere selbst die Ergebnisse.

472−230
684−174
957−642
882−462
394−351

627−523
666−256
858−713
187−54

766−362
894−273
683−140
482−332

Lösungen:
43 104 133
145 150 242
315 404 410
420 510 543
621

Schriftliche Subtraktion ohne Unterschreitung, Ergänzungsverfahren

14. Schriftliche Subtraktion

Subtraktion mit Unterschreitung

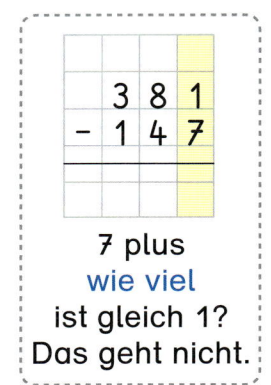

```
  3 8 1
- 1 4 7
```
7 plus wie viel ist gleich 1? Das geht nicht.

Wir geben oben **10 Einer** und unten **1 Zehner** dazu.

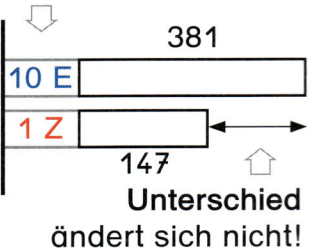

381
10 E
1 Z
147
Unterschied ändert sich nicht!

```
    10
  3 8 1
- 1 4 7
  ─────
      4
```
7 plus 4 gleich 11. Übertrage 1.

```
    10
  3 8 1
- 1 4 7
   1
  ─────
    3 4
```
1 plus 4 gleich 5. 5 plus 3 gleich 8.

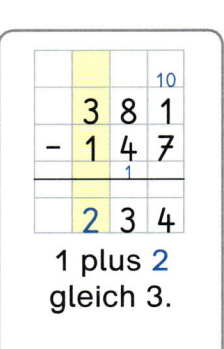

```
    10
  3 8 1
- 1 4 7
   1
  ─────
  2 3 4
```
1 plus 2 gleich 3.

1 Rechne und kontrolliere selbst die Ergebnisse.

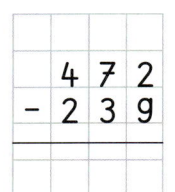

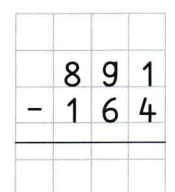

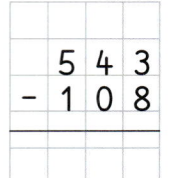

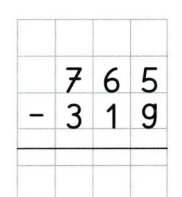

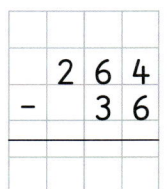

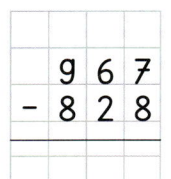

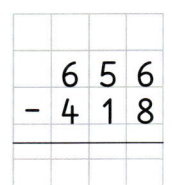

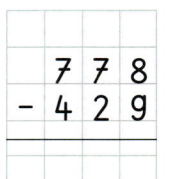

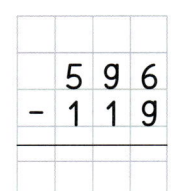

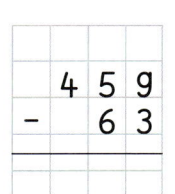

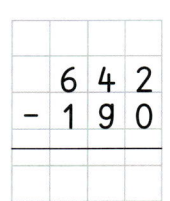

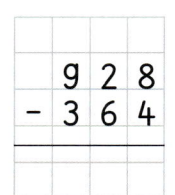

```
  4 7 2        8 9 1        5 4 3        7 6 5        2 6 4
- 2 3 9      - 1 6 4      - 1 0 8      - 3 1 9      -   3 6
```

```
  9 6 7        6 5 6        7 7 8        5 9 6        9 3 5
- 8 2 8      - 4 1 8      - 4 2 9      - 1 1 9      - 6 7 2
```

```
  4 5 9        6 4 2        9 2 8        8 5 0
-   6 3      - 1 9 0      - 3 6 4      - 6 7 3
```

Lösungen:
139 177 228
233 238 263
349 396 435
446 452 477
564 727

Bleib in Form!

2 Schreibe die richtigen Namen zu den Körpern: Würfel, Quader, Pyramide.

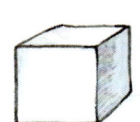

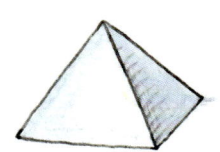

_____   _____   _____

Schriftliche Subtraktion mit Unterschreitung, Ergänzungsverfahren

14. Schriftliche Subtraktion

1 Rechne und kontrolliere selbst die Ergebnisse.

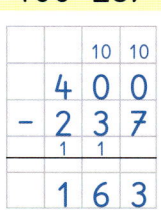

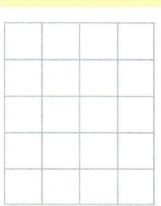

400−237   700−185   821−38   900−562

```
    10 10
  4  0  0
−  2  3 7
   1  1
─────────
     1 6 3
```

600−146   500−51   800−428   811−362

604−285   713−155   413−289   264−198

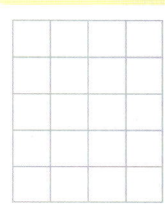

Es können auch mehrere Überträge in einer Rechnung auftreten!

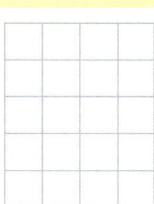

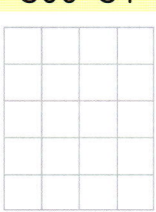

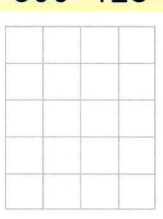

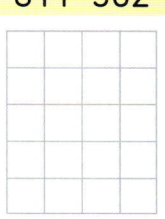

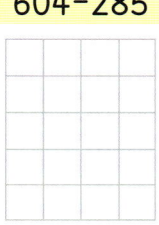

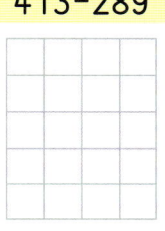

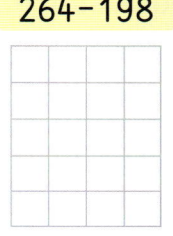

Lösungen:
66	124	163
319	338	372
449	449	454
515	558	783

2 Kopfrechnen oder schriftlich rechnen? Entscheide bei jeder Aufgabe selbst.

a) 940 − 300
b) 269 − 50
c) 714 − 345
d) 870 − 510
e) 673 − 299

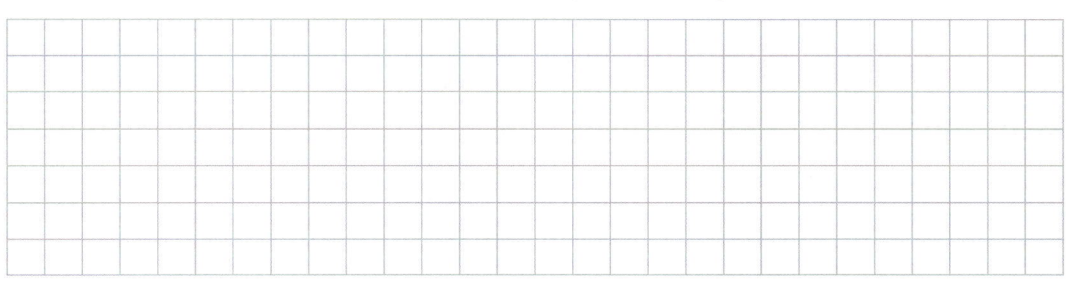

3 Vereinfache die Minusrechnungen mit Ronnis Trick und löse sie.

Ich nehme oben und unten 1 weg!

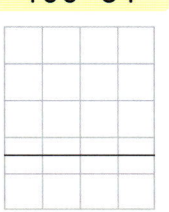

800−243   100−64   900−387   1000−612

```
    7 9 9
  − 2 4 2
```

Schriftliche Subtraktion mit mehreren Unterschreitungen, Rechenvorteile

14. Schriftliche Subtraktion

1 Löse die Minusaufgaben und rechne eine Plusrechnung als Probe.

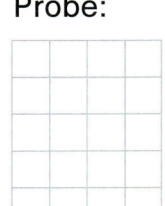

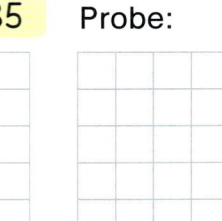

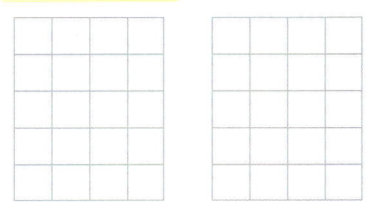

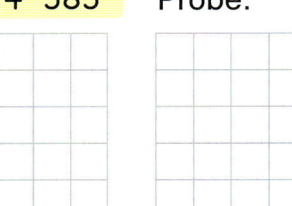

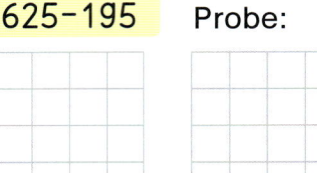

604−252   Probe: 953−185   Probe: 400−261   Probe:

714−383   Probe: 625−195   Probe: 314−96   Probe:

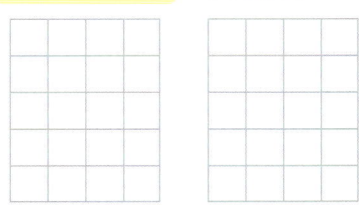

2 Subtrahiere die Geldbeträge. Schreibe immer Komma unter Komma.
Rechne einen Überschlag zur Kontrolle.

25,82 € − 3,90 €   31,04 € − 16,70 €   74,27 € − 43,95 €

```
   2 5,8 2 €
 −   3,9 0 €
 ─────────────
```

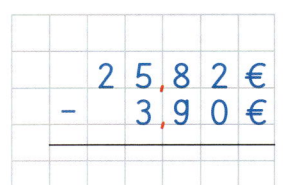

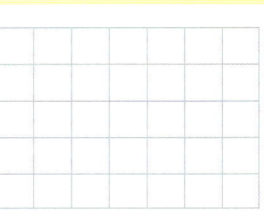

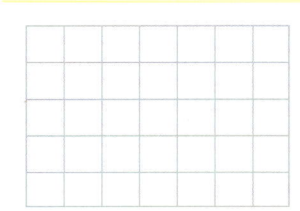

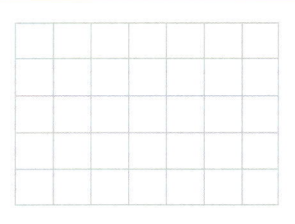

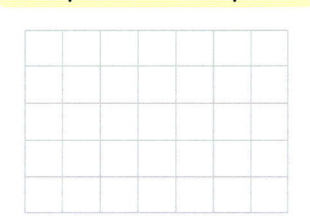

Ü: 26 − 4 = 22   Ü: _____   Ü: _____

92,50 € − 19,25 €   317,22 € − 134,80 €   800 € − 57,62 €

Ü: _____   Ü: _____   Ü: _____

Bleib in Form!

3 Wie viele Ecken und Flächen hat ein Würfel?

_____ Ecken   _____ Flächen

Schriftliche Subtraktion mit Probe, Kommazahlen, Überschlag

14. Schriftliche Subtraktion

1 Berechne die gesuchten Zahlen.

a) 845 : 708 | ?
b) 845 : ? | 427
c) 624 : 99 | ?
d) 702 : ? | 432

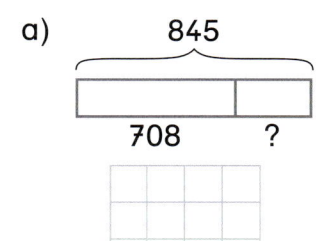

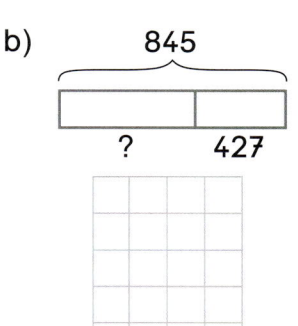

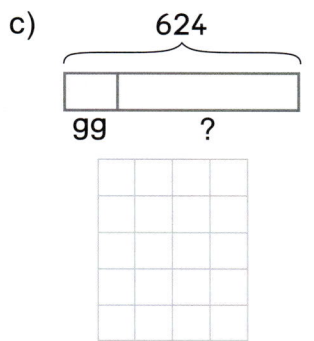

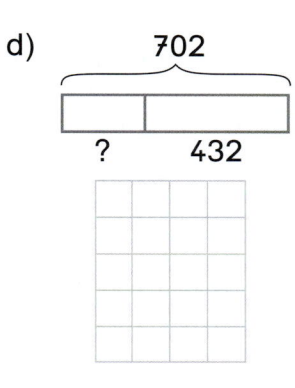

2 Berechne die gesuchten Zahlen.

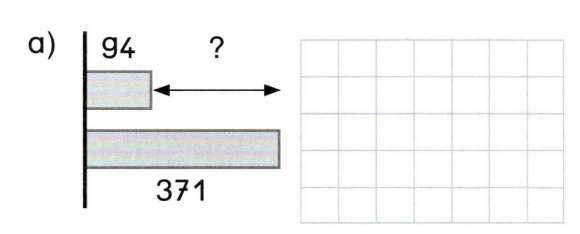

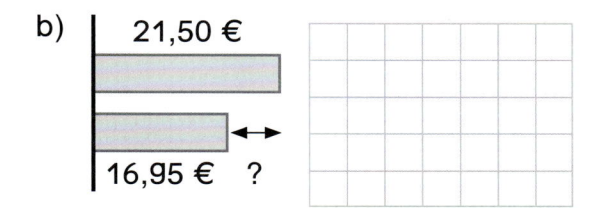

a) 94 ? / 371

b) 21,50 € / 16,95 € ?

3 Löse die Aufgaben.

a) Wie groß ist der Unterschied zwischen 165 und 238?

b) Wie viel ist 915 größer als 283?

c) Welche Zahl ist um 154 kleiner als 803?

4 Ein Teppich kostet im Angebot 339 € anstatt 499 €.
Wie viel wurde der Preis herabgesetzt?

5 Ulrich kauft eine Bohrmaschine für 64,50 €.
Er bezahlt mit einem 100-Euro-Schein.
Berechne das Rückgeld.

6 Ein Fernseher kostet bei Kaufhaus Mikmak 478 €.
Bei Kaufhaus Hoptok kostet er 95 € weniger.
Wie viel kostet der Fernseher bei Hoptok?

7 Leona hat 132,74 € gespart.
Sie kauft einen Scooter für 69,90 €.
Wie viel Geld bleibt ihr noch?

8 **AUFGABEN-WERKSTATT**

Schreibe eine ähnliche Aufgabe wie Aufgabe 7 und löse sie.

Schriftliche Subtraktion mit Balkenmodellen, Sachaufgaben

15. Zeig, was du kannst!

Schriftliche Addition

1 Rechne erst einen Überschlag und dann schriftlich.

a) 472 + 309

   Überschlag:

   500+300=_____

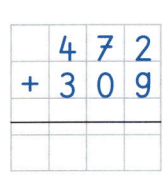

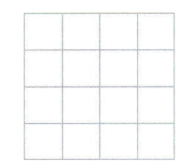

```
  4 7 2
+ 3 0 9
```

b) 247 + 594

   Überschlag:

   _____

c) 634 + 82

   Überschlag:

   _____

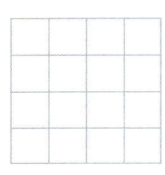

d) 135 + 468

   Überschlag:

   _____

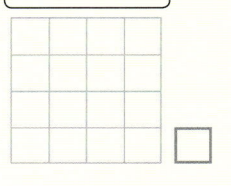

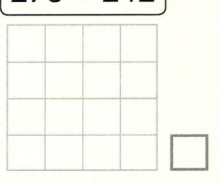

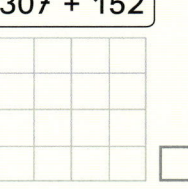

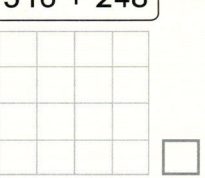

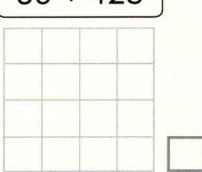

Hole dir deinen Stern! ⭐ 10

2 a) Rechne.

| 615 + 243 | 423 + 72 | 275 + 242 | 347 + 184 |
| 307 + 152 | 516 + 248 | 56 + 428 | 263 + 539 |

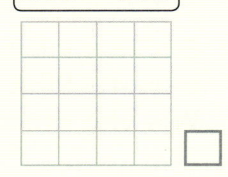

b) Welche Ziffer fehlt? ⭐

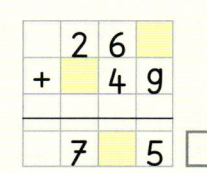

```
  2 _ 1
+ _ 7 5
-------
  _ 6 9
```

```
  _ 4 8
+ _ 3 1
-------
  _ 6 3
```

```
  2 6 _
+ _ 4 9
-------
  _ 7 5
```

Die Lösungen findest du auf Seite 87.

Jede richtig gelöste Aufgabe zählt einen Punkt!

Erreichte Punkte: _____

Male deinen Stern an:

0 bis 4 Punkte: rot … Beginne noch einmal mit einfachen Aufgaben ohne Übertrag.

5 bis 9 Punkte: silber … Vielleicht hilft dir eine saubere Schrift, um Fehler zu vermeiden.

10 bis 11 Punkte: gold … Bravo! Die schriftliche Addition beherrschst du sehr gut.

Wiederholung: schriftliche Addition
2) Selbsttest.

15. Zeig, was du kannst!

Körper und Wiegen

1 Ergänze die Baupläne.

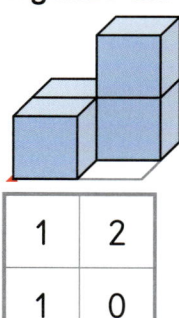

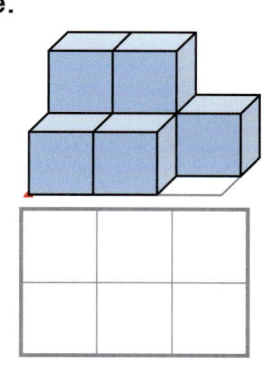

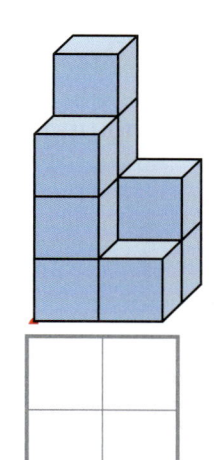

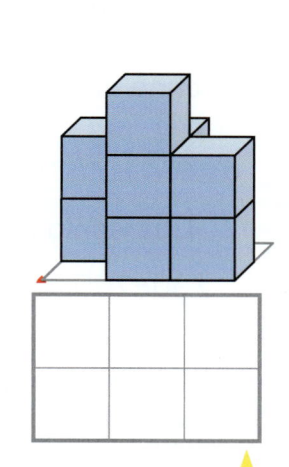

1	2
1	0

Hole dir deinen Stern! 11

2 a) Zeichne die Ansichten in die Raster.

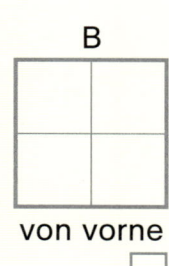

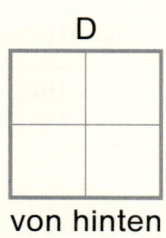

A — von links
B — von vorne
C — von rechts
D — von hinten

b) Ordne die Gewichte der Größe nach. Beginne bei dem kleinsten.

$\frac{1}{2}$ kg, 420 g, 90 g, 1 kg, 608 g

geordnet: _____ < _____ < _____ < _____ < _____

c) In einer Packung ist 1 kg Grieß.
Die Köchin nimmt erst $\frac{1}{2}$ kg und dann noch 30 g heraus.
Wie viel Grieß ist noch in der Packung?

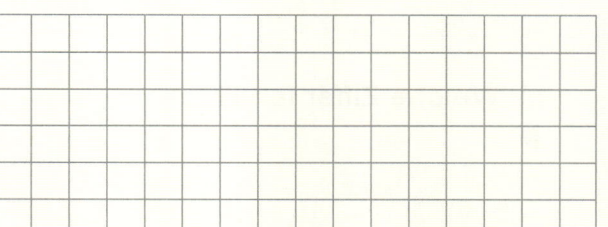

Die Lösungen findest du auf Seite 87.

Jede richtig gelöste Aufgabe zählt einen Punkt!

Erreichte Punkte: _____

Male deinen Stern an:

0 bis 2 Punkte: rot ... Du solltest mehr Bauwerke mit Würfeln bauen und ansehen.

3 bis 5 Punkte: silber ... Schau dir die Gewichtsmaße noch einmal genau an.

6 Punkte: gold ... Fantastisch – alle Punkte!

Wiederholung: geometrische Körper, Maßeinheiten Gramm und Kilogramm
2) Selbsttest.

15. Zeig, was du kannst!

Schriftliche Subtraktion

1 Rechne erst einen Überschlag und dann schriftlich.

a) 694 − 153

Überschlag:

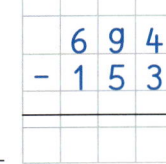

700−200=

```
  6 9 4
− 1 5 3
```

b) 433 − 281

Überschlag:

c) 1000 − 374

Überschlag:

d) 761 − 408

Überschlag:

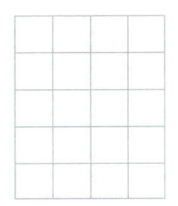

Hole dir deinen Stern! → 12

2

a) Rechne.

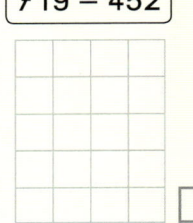

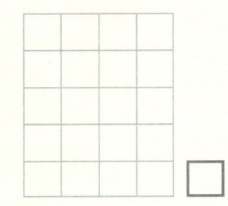

945 − 124   397 − 64   719 − 452   500 − 263

b) Rechne.

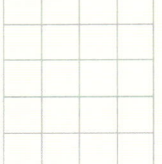

674 − 271   538 − 86   862 − 239

c) Welche Ziffer fehlt? ★

```
  5 _
−   1 2
─────────
  1 6 _
```

Die Lösungen findest du auf Seite 87.

Jede richtig gelöste Aufgabe zählt einen Punkt!

Erreichte Punkte: _____

12

Male deinen Stern an:

0 bis 3 Punkte: rot ... Beginne noch einmal mit einfachen Aufgaben ohne Unterschreitung.

4 bis 6 Punkte: silber ... Übe fleißig weiter, dann wirst du bald keine Fehler mehr machen.

7 bis 8 Punkte: gold ... Exzellent! Du subtrahierst wie ein Weltmeister!

Wiederholung: schriftliche Subtraktion
2) Selbsttest.

15. Zeig, was du kannst!

Rechnen mit Euro und Cent

1 Addiere die Geldbeträge.

89,14 € + 6,55 €

```
   8 9,1 4 €
+    6,5 5 €
```

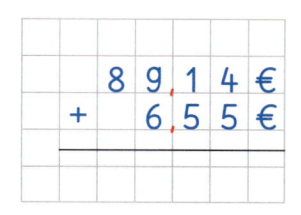

39,90 € + 15,62 €

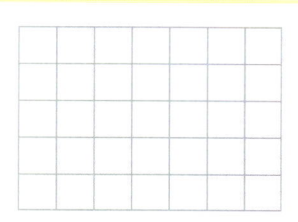

358,22 € + 168,95 €

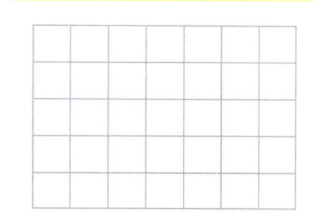

Hole dir deinen Stern! 13

2 Jonas und Brigitte dürfen sich ein Spielzeug aussuchen.
Jonas wählt ein Brettspiel für 26,90 €,
Brigitte nimmt ein Puzzle für 19,70 €.

a) Wie viel kosten die Spielsachen zusammen? ☐

b) Wie viel war das Brettspiel teurer als das Puzzle? ☐

Andrea kauft ein Malbuch für 14,95 € und eine Packung Stifte für 8,99 €.

c) Wie viel kostet das? ☐

d) ★ Andrea bezahlt mit einem 50-Euro-Schein. Berechne das Rückgeld. ☐

Die Lösungen findest du auf Seite 88.

Jede richtig gelöste Aufgabe zählt einen Punkt!

Erreichte Punkte: _____

13

Male deinen Stern an:

0 bis 1 Punkte: rot ... Du musst die Aufgaben genau verstehen, bevor du zu rechnen beginnst.

2 bis 3 Punkte: silber ... Arbeite ruhig und konzentriert, dann wist du noch besser!

4 Punkte: gold ... Gratuliere! Auch in Sachsituationen kannst du deine Rechenfertigkeiten fehlerfrei anwenden.

Wiederholung: schriftliche Addition mit Kommazahlen, Sachaufgaben
2) Selbsttest.

16. Umfang, Flächen und Muster

1 Finde diese Gegenstände und messe ihren Umfang. Runde deine Ergebnisse auf ganze Zentimeter.

a) Schüssel: _____   c) Glas: _____

b) Tasse: _____   d) Teller: _____

Umfang, Ornament, Parkettmuster

2 Zeichne die Ornamente auf diesen Schüsseln fertig.

a)    b)

3 Gestalte selbst ein Ornament für den Rand dieser Schüssel.

4 Setze die Parkettmuster in alle Richtungen fort.

a)   b)

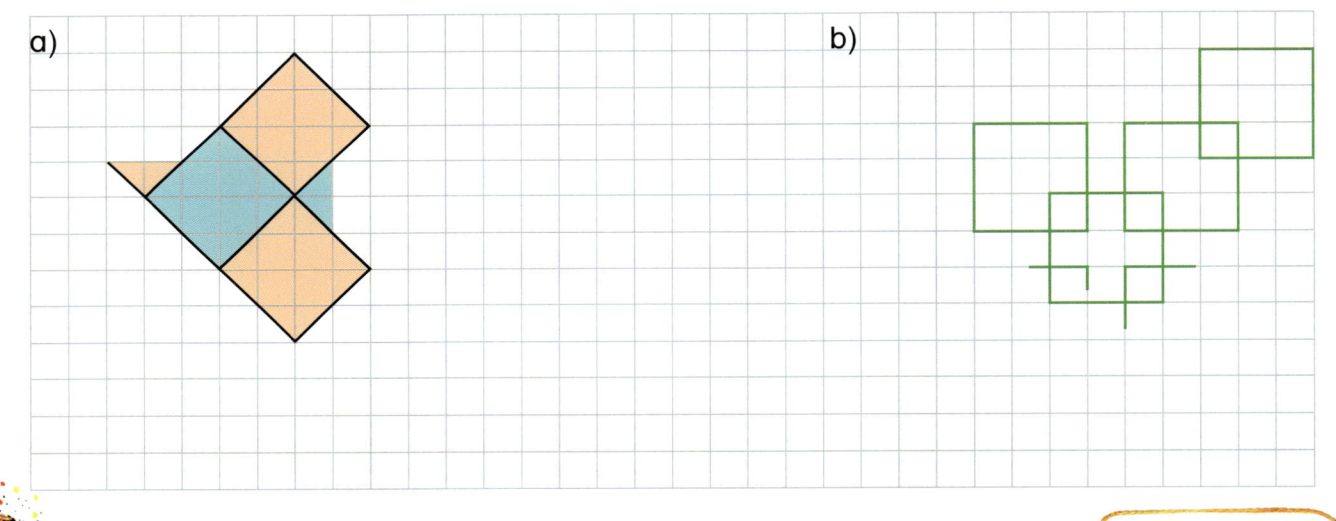

Bleib in Form!

5 Rechne und kontrolliere selbst deine Lösungen.

```
  6 1 5        5 2 8        4 0 0        7 8 1        9 0 4
- 2 1 4      - 1 7 3      - 1 5 3      -   6 5      - 2 7 8
```

Lösungen: 247 355 401 626 716

Umfang, Muster und Ornamente, Parkettierungen

16. Umfang, Flächen und Muster

1 Bestimme die Größe dieser Figuren in Maßquadraten ▢.

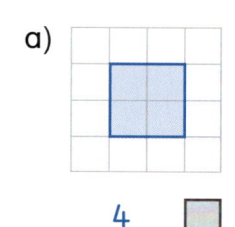

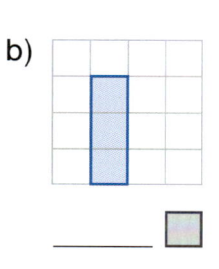

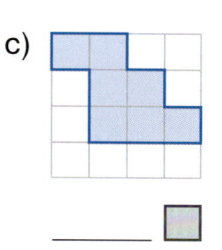

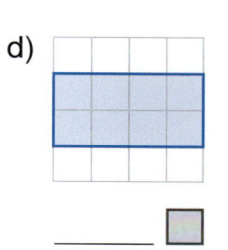

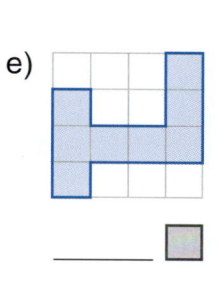

a) __4__ ▢ b) ____ ▢ c) ____ ▢ d) ____ ▢ e) ____ ▢

2 Zeichne selbst Figuren zu den angegebenen Größen.
Hinweis: Es gibt verschiedene Lösungen.

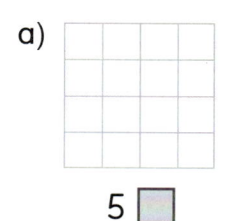

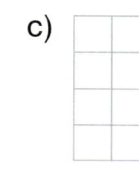

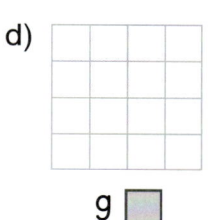

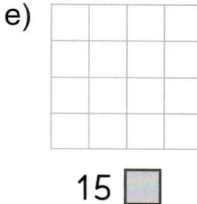

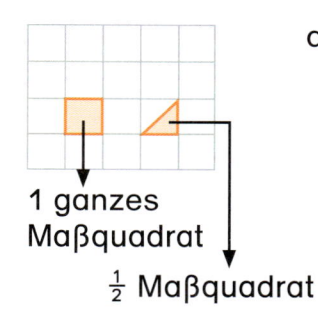

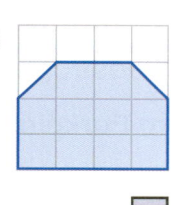

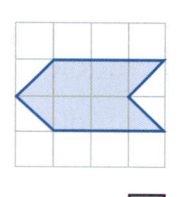

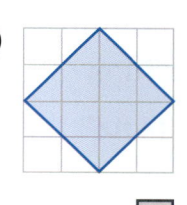

a) 5 ▢   b) 6 ▢   c) 2 ▢   d) 9 ▢   e) 15 ▢

3 Bestimme die Größe dieser Figuren in Maßquadraten ▢.

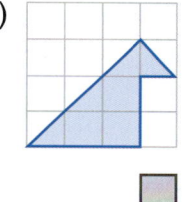

1 ganzes Maßquadrat
$\frac{1}{2}$ Maßquadrat

a) ____ ▢ b) ____ ▢ c) ____ ▢ d) ____ ▢

4 Finde möglichst viele Figuren, die 2 Maßquadrate groß sind.

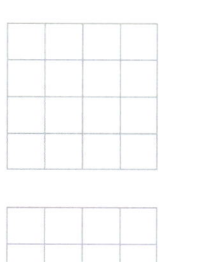

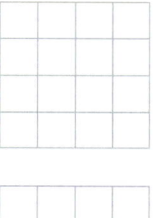

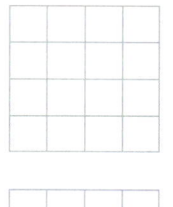

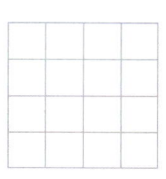

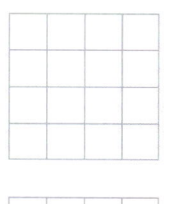

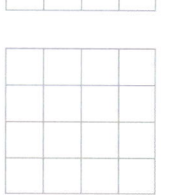

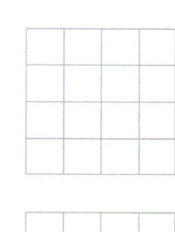

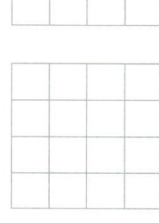

Größe von Figuren in Maßquadraten

67

16. Umfang, Flächen und Muster

1 Beantworte die Fragen zu der Landkarte.

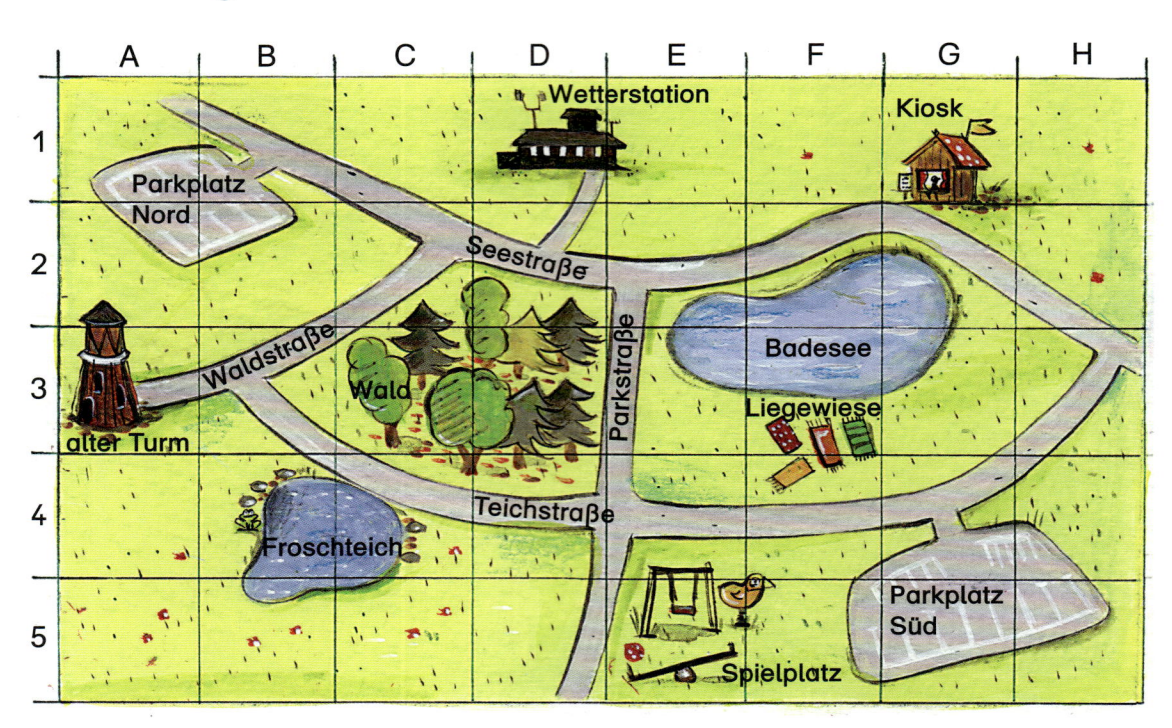

a) In welchem Rasterquadrat findest du

... die Wetterstation? __D 1__   ... die Kreuzung Waldstraße – Teichstraße? _____

... den alten Turm? _____   ... die Kreuzung Seestraße – Waldstraße? _____

... den Spielplatz? _____   ... die Zufahrt zum Parkplatz Süd? _____

b) Simon hat sein Auto am Parkplatz Nord geparkt.
Er möchte zum Froschteich gehen. Beschreibe ihm den Weg.

Wenn du vom Parkplatz kommst, gehe nach rechts in die Seestraße ... _____

_____

c) Beschreibe den Weg vom Spielplatz zum Kiosk.

_____

_____

Bleib in Form!

2 Rechne im Kopf.

320 – 100 = ____   891 – 890 = ____   715 – 110 = ____   1000 – 400 = ____

650 – 45 = ____   402 – 397 = ____   500 – 20 = ____   901 – 899 = ____

Orientierung auf Karten

17. Daten und Zufall

1 Die Tabelle zeigt, wie viele Käfer Lisa und Kevin im Garten gefunden haben.

 Marienkäfer	 Feuerwanze	 Rüsselkäfer	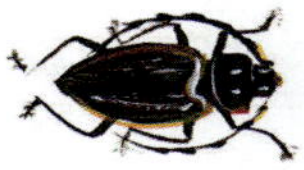 Bockkäfer	 Hirschkäfer
4	15	3	6	1

Beantworte die Fragen.

a) Von welcher Art haben sie die meisten Käfer gefunden? _____

b) Von welcher Art haben sie die wenigsten Käfer gefunden? _____

c) Wie viele Käfer haben sie insgesamt gefunden? _____

2 In der Schachtel sind gesammelte Käfer.

a) Erstelle eine Strichliste.

Marienkäfer: |||

Feuerwanze: _____

Rüsselkäfer: _____

Bockkäfer: _____

Hirschkäfer: _____

b) Erstelle eine Tabelle.

Marienkäfer	Feuerwanze	Rüsselkäfer	Bockkäfer	Hirschkäfer
3				

3 Im Bild sind die Schmetterlinge Bläuling, Zitronenfalter, Kohlweißling und Schwalbenschwanz zu sehen.

a) Erstelle eine Strichliste.   b) Erstelle eine Tabelle.

Daten erfassen: Strichlisten und Tabellen

17. Daten und Zufall

1 Das Diagramm zeigt die Lieblingsfarben der Kinder aus Evas Klasse.

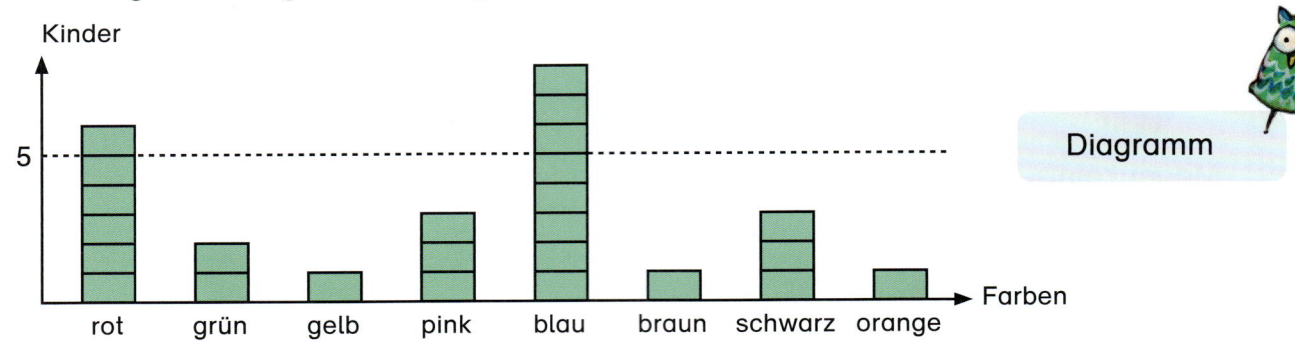

Diagramm

Beantworte die Fragen.

a) Welche Farbe wurde am öftesten gewählt? _____

b) Welche Farben wurden am seltensten gewählt? _____

c) Ergänze den Satz: Pink ist nur halb so beliebt wie _____

d) Was ist deine Lieblingsfarbe? _____

2 Die Tabelle zeigt die Lieblingsinstrumente der Kinder.

Gitarre	Flöte	Klavier	Geige	Trommel	Trompete
5	3	8	1	6	2

a) Ergänze das Säulendiagramm.

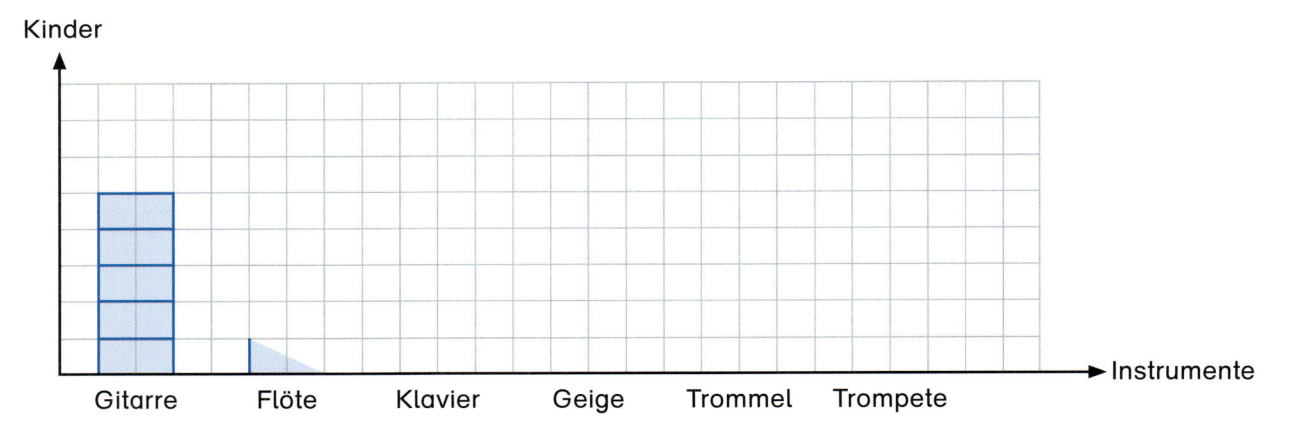

b) Was ist dein Lieblingsinstrument? _____

Bleib in Form!

3 Rechne schriftlich.

a) Wie groß ist der Unterschied zwischen 617 und 284?

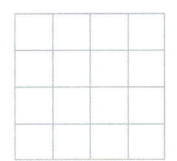

b) Wie lautet die Summe von 354 und 493?

Daten erfassen: Tabellen und Diagramme

17. Daten und Zufall

1 Male die Kugeln so an, dass folgende Aussagen stimmen.

a) Es ist möglich, eine rote Kugel zu ziehen.

b) Es ist wahrscheinlicher eine blaue Kugel zu ziehen, als eine rote Kugel.

c) Es ist unmöglich, eine grüne Kugel zu ziehen.

d) Es ist sicher, eine grüne Kugel zu ziehen.

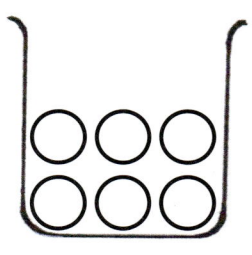

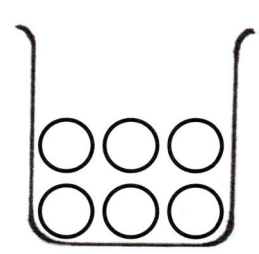

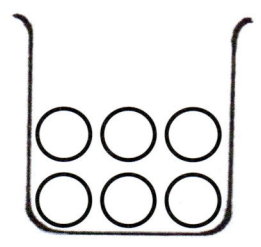

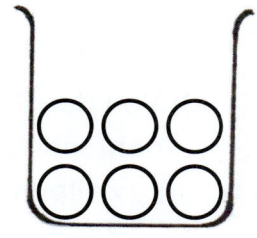

2 Welche Aussage gehört zu welchem Glücksrad? Verbinde.

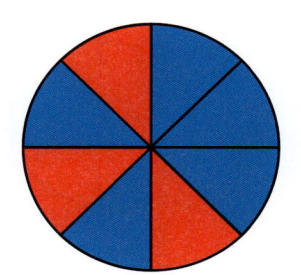

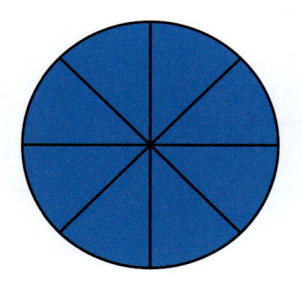

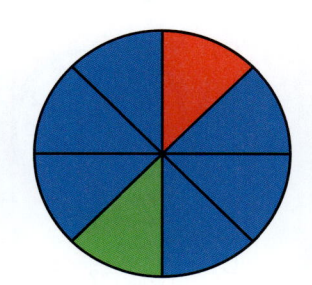

Rot ist möglich.

Rot ist wahrscheinlicher als grün.

Grün ist unmöglich.

Blau ist sicher.

3 Spiel: Wer rot zieht, gewinnt!

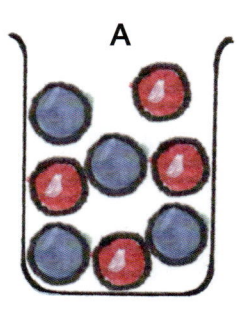

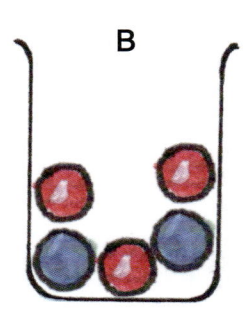

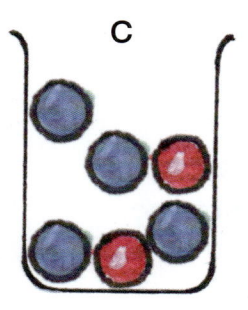

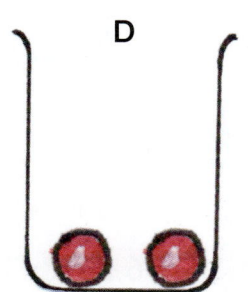

A   B   C   D

a) Für welches Glas würdest du dich entscheiden? Begründe.

b) Wo ist die Gewinnchance am geringsten? Begründe.

c) Formuliere zu jedem Glas eine passende Aussage.

Zufall und Wahrscheinlichkeit

18. Zeitpunkt und Zeitdauer

1 Zeitpunkt oder Zeitdauer? Kreuze an.

> Zeitpunkt, Zeitdauer
> 1 h = 60 min

a) Die Pause dauert 15 Minuten.
☐ Zeitpunkt
☒ Zeitdauer

b) Die Schule beginnt um 7:50 Uhr.
☐ Zeitpunkt
☐ Zeitdauer

c) Von der Schule bis zur Schwimmhalle geht man 20 Minuten.
☐ Zeitpunkt
☐ Zeitdauer

d) Paul war zwei Tage krank.
☐ Zeitpunkt
☐ Zeitdauer

e) Die Schule endet um 12:55 Uhr.
☐ Zeitpunkt
☐ Zeitdauer

2 Wie viel Zeit ist jeweils vergangen?

a) 15 min

b)

c)

d)

e)

f)

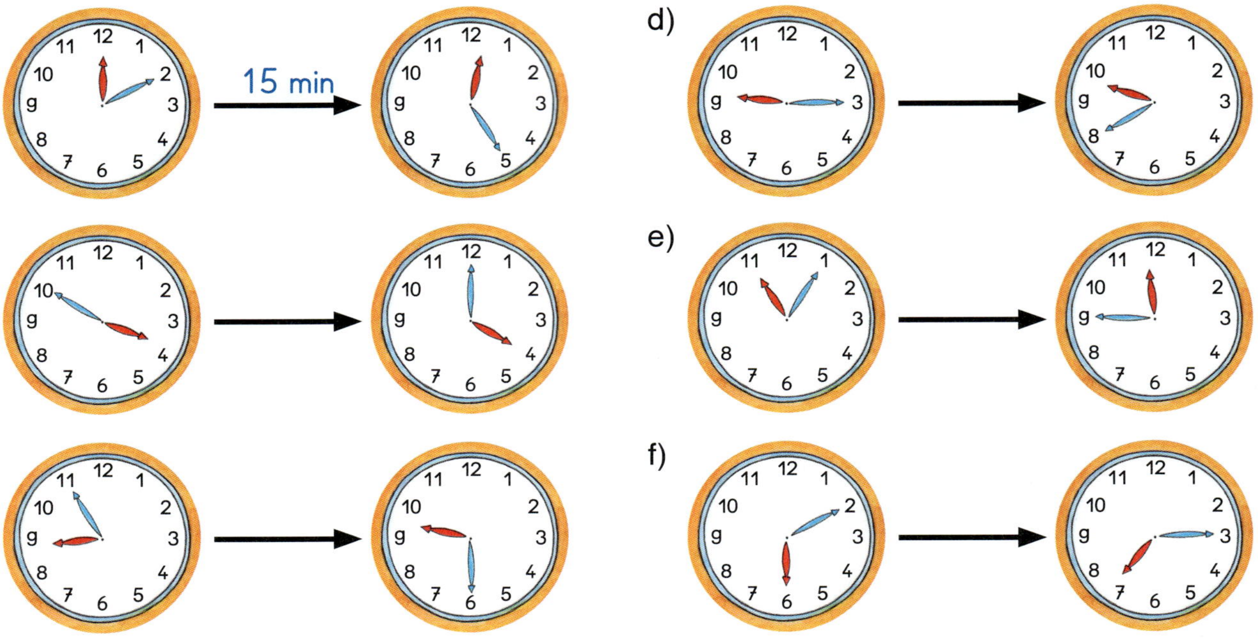

Bleib in Form!

3 Subtrahiere die Geldbeträge.

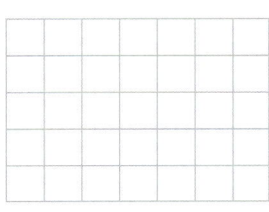

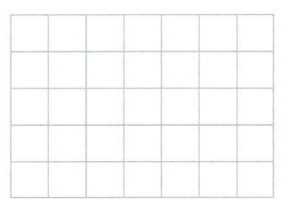

6,25 € − 1,82 €

7,99 € − 1,60 €

5,32 € − 0,85 €

18. Zeitpunkt und Zeitdauer

1 Löse die Aufgaben.

a) Andrea muss ihr Fahrrad in die Werkstatt bringen.
Sie geht um 10:20 Uhr los.
Um 11:15 Uhr ist sie wieder zu Hause.
Wie lang war sie unterwegs?

b) Peter sieht fern. Seine Sendung beginnt um 16:55 Uhr.
Wann endet die Sendung, wenn sie 38 Minuten dauert?

c) Es ist 15:25 Uhr.
Lisa muss ihre Hausaufgaben bis 17:00 Uhr fertig haben,
weil sie dann mit einer Freundin zum Schwimmen geht.
Wie viel Zeit bleibt Lisa für ihre Hausaufgaben?

2 Zeichne die Zeiger in die Uhren.

a) Halb Neun.

c) Zehn Minuten nach Vier.

e) Fünf Minuten vor Elf.

g) Halb Sieben.

b) Drei Uhr zwanzig.

d) Sechzehn Uhr und 5 Minuten.

f) Halb Zwei.

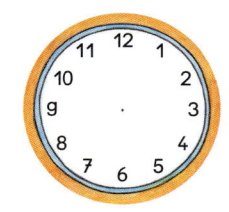

h) Fünfzehn Minuten vor Zehn.

3 Wandle um in Stunden und Minuten.

a) 62 min = __1 h 2 min__
b) 70 min = _____
c) 105 min = _____
d) 120 min = _____
e) 126 min = _____
f) 150 min = _____
g) 300 min = _____
h) 190 min = _____
i) 242 min = _____

4 Wandle um in Minuten.

a) 1 h 23 min = __83 min__
b) 1 h 9 min = _____
c) 1 h 52 min = _____
d) 2 h 10 min = _____
e) 2 h 34 min = _____
f) 3 h 15 min = _____
g) $\frac{1}{2}$ h = _____
h) $\frac{1}{4}$ h = _____
i) $\frac{3}{4}$ h = _____

Stunden und Minuten, Zeitpunkt, Zeitdauer

18. Zeitpunkt und Zeitdauer

1 Wie viele Sekunden zeigen diese Stoppuhren?

a)    b) 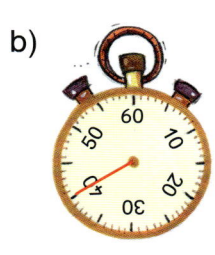   c) 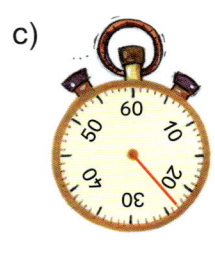   d)

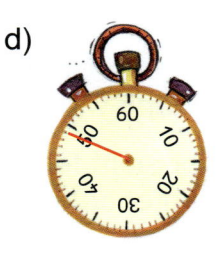

_____   _____   _____   _____

2 Wandle um in Minuten und Sekunden.

a) 75 s = __1 min 15 s__   d) 123 s = _____
b) 92 s = _____   e) 180 s = _____
c) 104 s = _____   f) 179 s = _____

1 Minute = 60 Sekunden
1 min = 60 s

3 Wandle um in Sekunden.

a) 1 min 20 s = __80 s__   d) 2 min 13 s = _____   g) $\frac{1}{4}$ min = _____
b) 1 min 45 s = _____   e) 2 min 34 s = _____   h) $\frac{3}{4}$ min = _____
c) 1 min 52 s = _____   f) 3 min 1 s = _____   i) $\frac{1}{2}$ min = _____

4 Paul Biedermann stellte im Jahr 2009 einen neuen Weltrekord im 400 Meter Freistil-Schwimmen auf. Seine Zeit betrug 3 Minuten und 40 Sekunden. Der letzte Deutsche, der einen Weltrekord in dieser Disziplin aufgestellt hat, war Hans Fassnacht im Jahr 1969. Seine Zeit betrug damals 4 Minuten und 4 Sekunden.

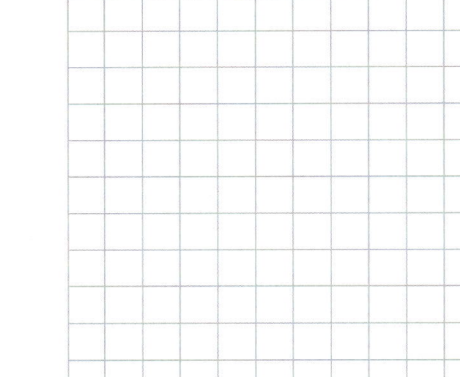

a) Gib beide Zeiten in Sekunden an.

b) Um wie viele Sekunden ist Biedermanns Rekord unter dem von Fassnacht?

Bleib in Form!

5 Welche Ziffer fehlt?

```
   _ 5 8          _ 8 _          _ 9 _ 6        _ 4 4        _ _ 7 1
 -   2 _ 3        - 6 _ 5        -   1 4 _      -   9 2      -   1 _ 4
 ─────────        ─────────      ─────────      ─────────    ─────────
     4 4            1 3 7            _ 6 0        1 _ 6          4 0 _
```

Sekunden und Minuten, Sachaufgaben

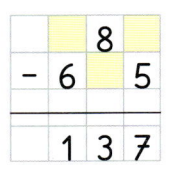

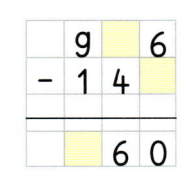

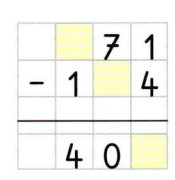

19. Rechentricks

1 Ergänze die Zahlen in den Tabellen.
Rechne geschickt.

> Bei 9 Packungen rechne ich 10 − 1!

Packungen	1	10	9
Eier	6	60	54

Packungen	1	10	9
Birnen	4	___	___

Packungen	1	10	9
Birnen	8	___	___

2 Wie viele? Rechne geschickt.

a) In einem Netz sind 3 Zitronen.
Wie viele Zitronen sind in 9 Netzen?

Das sind ___ Zitronen.

b) In einem Netz sind 8 Mandarinen.
Wie viele Mandarinen sind in 9 Netzen?

Das sind ___ Mandarinen.

c) In einem Netz sind 12 Zucchini.
★ Wie viele Zucchini sind in 9 Netzen?

Das sind ___ Zucchini.

3 Ergänze die Zahlen in den Tabellen.
Rechne geschickt.

> Bei 99 Packungen rechne ich 100 − 1!

Packungen	1	100	99
Möhren	5	500	___

Packungen	1	100	99
Brötchen	6	___	___

Packungen	1	100	99
Äpfel	4	___	___

Rechenvorteile bei der Multiplikation

19. Rechentricks

1 Rechne und setze die Reihen fort.
Was fällt dir auf?

40+40= ___	210+150= ___	650+40= ___	500+175= ___
41+39= ___	211+149= ___	652+38= ___	499+176= ___
42+38= ___	212+148= ___	654+36= ___	498+177= ___
___	___	___	___
___	___	___	___

2 Vereinfache die Rechnungen und löse sie.

| 79+16 ↶1 | 59+24 | 69+26 | 29+35 |
| 80+15=95 | ___ | ___ | ___ |

| 349+27 | 499+213 | 199+64 | 299+184 |
| ___ | ___ | ___ | ___ |

3 Vereinfache die Rechnungen und löse sie.

| 98+65 ↶2 | 58+35 | 598+173 | 798+65 |
| 100+63= ___ | ___ | ___ | ___ |

| 296+135 ↶4 | 197+456 | 897+93 | 696+128 |
| ___ | ___ | ___ | ___ |

Bleib in Form!

4 Ein Film beginnt um 16:20 Uhr und endet um 17:55 Uhr.
Wie lange dauert der Film?

Rechenvorteile bei der Addition

19. Rechentricks

1 Rechne und setze die Reihen fort.
Was fällt dir auf?

60−40= ___	100−30= ___	780−20= ___	370−100= ___
61−41= ___	101−31= ___	782−22= ___	375−105= ___
62−42= ___	102−32= ___	784−24= ___	380−110= ___
_____	_____	_____	_____
_____	_____	_____	_____

2 Vereinfache die Rechnungen und löse sie.

63−19
+1   +1
64−20= ___

95−39
___

78−29
___

86−49
___

342−199
___

624−98
+2   +2
___

483−298
___

518−97
___

3 Löse erst die Ergänzungsaufgabe und dann die Minusrechnung.

68+ ___ =70
70−68= ___

29+ ___ =30
30−29= ___

48+ ___ =51
51−48= ___

95+ ___ =100
100−95= ___

250+ ___ =253
253−250= ___

697+ ___ =700
700−697= ___

807+ ___ =811
811−807= ___

714+ ___ =720
720−714= ___

4 Abziehen oder Ergänzen?
Rechne geschickt.

300−298= ___
72− 69= ___

Im Kopf rechne ich 298 + ___ = 300

152−148= ___
622−617= ___

715−709= ___
490−482= ___

1000−999= ___
804−798= ___

201−197= ___
343−331= ___

Rechenvorteile bei der Subtraktion

20. Zeig, was du kannst!

Umfang, Flächen und Muster

1 Bestimme die Größen der Figuren.

1 ganzes Maßquadrat
½ Maßquadrat

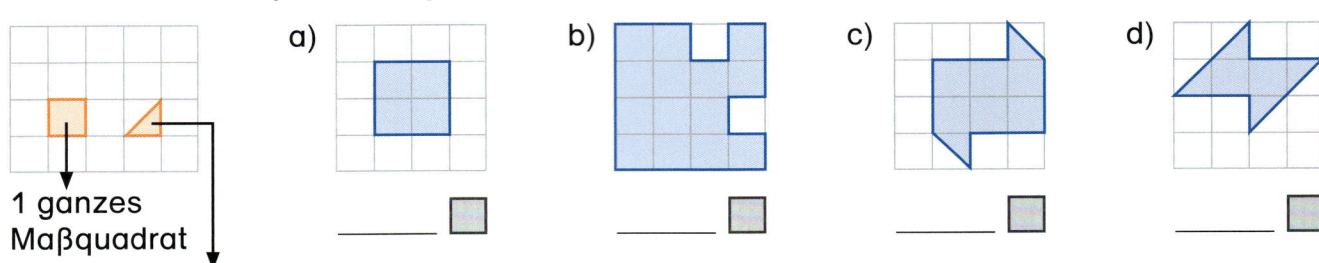

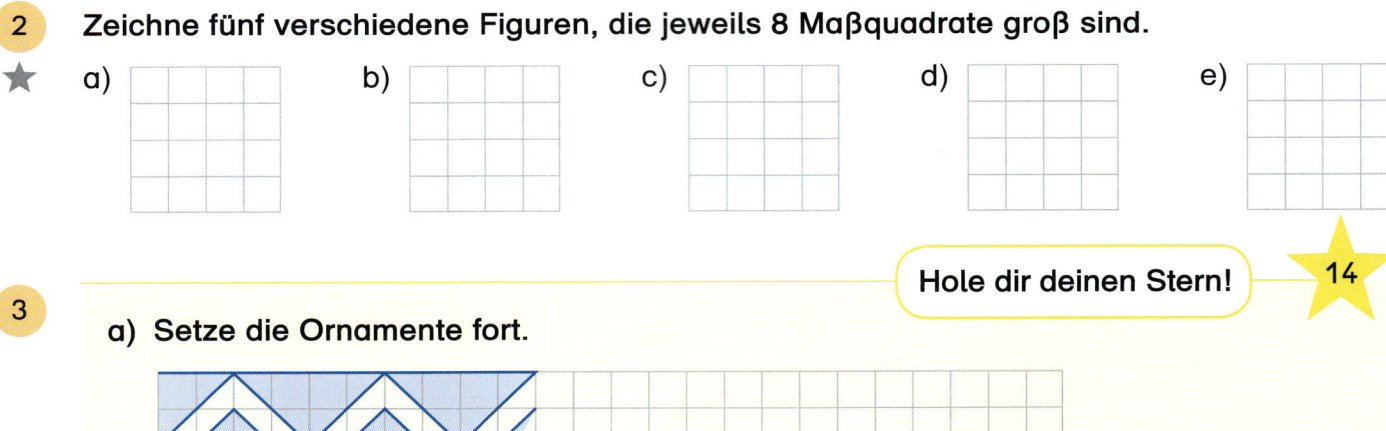

a) ___ b) ___ c) ___ d) ___

2 Zeichne fünf verschiedene Figuren, die jeweils 8 Maßquadrate groß sind.

a) b) c) d) e)

Hole dir deinen Stern! 14

3 a) Setze die Ornamente fort.

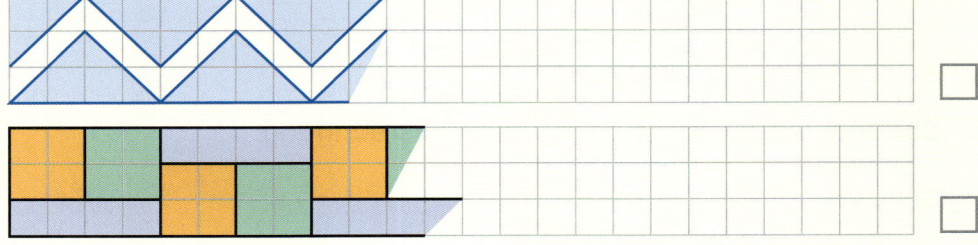

b) Bestimme die Größen der Figuren.

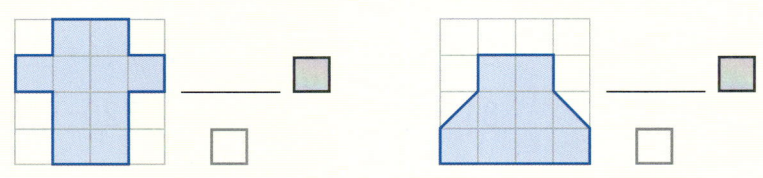

___   ___

Die Lösungen findest du auf Seite 88.

Jede richtig gelöste Aufgabe zählt einen Punkt!

Erreichte Punkte: _____

Male deinen Stern an:

0 bis 2 Punkte: rot ... Wo brauchst du noch Hilfe? Frage um Rat.

3 Punkte: silber ... Übe weiter, und du wirst bald fehlerfrei arbeiten.

4 Punkte: gold ... Sehr gut!

Wiederholung: Umfang, Flächen und Muster
3) Selbsttest

20. Zeig, was du kannst!

Daten und Zufall

1 Das Diagramm zeigt die Lieblingsspiele der Kinder aus Irinas Klasse.

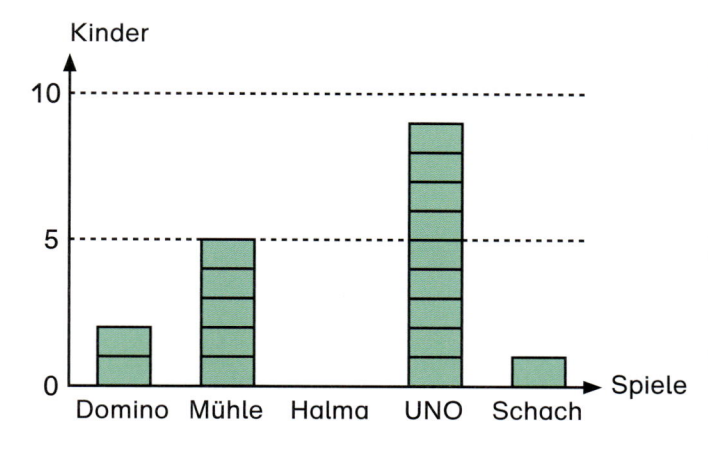

Beantworte die Fragen.

a) Welches Spiel wurde am öftesten gewählt? _____

b) Welches Spiel wurde gar nicht gewählt? _____

c) Wie oft wurde das Spiel Mühle gewählt? _____

Hole dir deinen Stern! 15

2 In der Schachtel sind Hannas Murmeln.

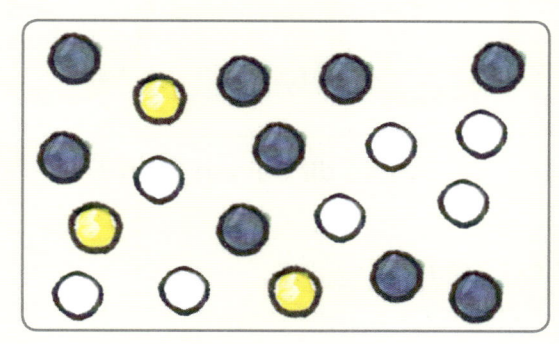

a) Erstelle eine Strichliste.

blau: _____
gelb: _____
weiß: _____

b) Erstelle eine Tabelle.

blau	gelb	weiß

c) Beantworte die Fragen mit ja oder nein:

Ist es wahrscheinlicher blau zu ziehen als weiß? _____

Ist es möglich, eine gelbe Murmel zu ziehen? _____

Die Lösungen findest du auf Seite 88.

Jede richtig gelöste Aufgabe zählt einen Punkt!

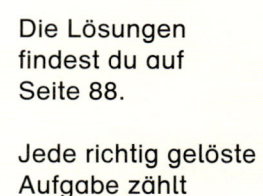

Erreichte Punkte: _____

Male deinen Stern an:

0 bis 3 Punkte: rot ... Lies genau. Lass dir Wörter erklären, die du nicht verstehst.

4 bis 5 Punkte: silber ... Versuche noch etwas genauer zu arbeiten.

6 Punkte: gold ... Ausgezeichnet! Du verstehst die Darstellungen und kannst Fragen dazu beantworten.

Wiederholung: Daten und Zufall
2) Selbsttest

20. Zeig, was du kannst!

Zeitpunkt und Zeitdauer

1 Zeichne die Zeiger in die Uhren.

a) Halb Vier. 
b) Fünf Minuten nach Zehn. 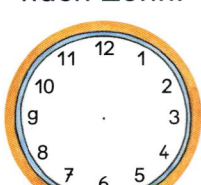
c) Zehn Minuten vor Eins. 
c) Neunzehn Uhr und 20 Minuten.

2 Wandle um in Stunden und Minuten.

a) 65 min = __1 h 5 min__
b) 80 min = _____
c) 73 min = _____
d) 100 min = _____
e) 120 min = _____
f) 135 min = _____

3 Wie viel Zeit ist jeweils vergangen?

a)

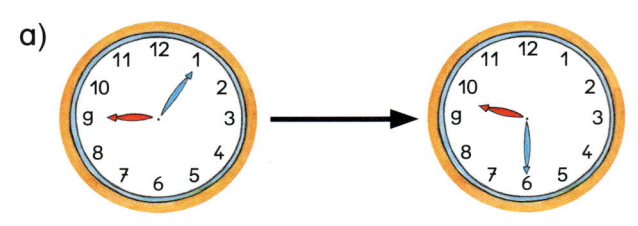

b)

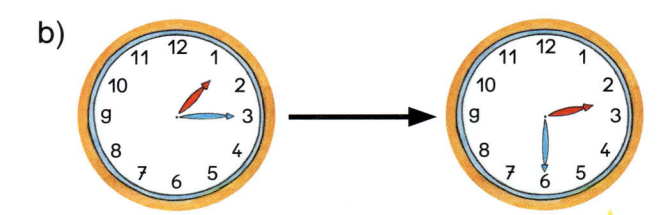

Hole dir deinen Stern! 16

4 a) Wandle um in Minuten.

1 h 30 min = _____ ☐   2 h 17 min = _____ ☐

b) Ein Flugzeug startet um 8:05 Uhr und landet um 9:38 Uhr.
Wie lange hat der Flug gedauert?

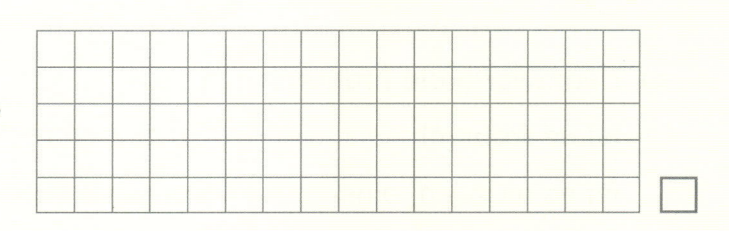

Die Lösungen findest du auf Seite 88.

Jede richtig gelöste Aufgabe zählt einen Punkt!

Erreichte Punkte: _____

Male deinen Stern an:

0 Punkte: rot ... Lass dir die Zeiten noch einmal erklären.

1 bis 2 Punkte: silber ... Übe weiter und arbeite konzentriert.

3 Punkte: gold ... Perfekt! Du kannst Zeitmaße umwandeln und dein Wissen auch in Sachsituationen fehlerfrei anwenden.

Wiederholung: Zeitpunkt und Zeitdauer
4) Selbsttest

20. Zeig, was du kannst!

Rechentricks

1 Ergänze die Zahlen in den Tabellen. Rechne geschickt.

Packungen	1	10	9
Kaugummis	6		

Packungen	1	100	99
Stifte	7		

2 Vereinfache die Rechnungen und löse sie.

59+24
↘ 1
60+23= _____

99+47
_____

219+34
_____

499+58
_____

3 Löse erst die Ergänzungsaufgabe und dann die Minusrechnung.

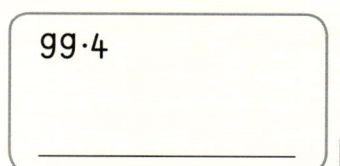

78+ _____ =81   99+ _____ =101   359+ _____ =360   795+ _____ =800

81-78= _____   101-99= _____   360-359= _____   800-795= _____

4 Hole dir deinen Stern! ★ 17

a) Rechne geschickt.

99·4 _____ ☐

517+99 _____ ☐

93-49 _____ ☐

199·3 _____ ☐

214+498 _____ ☐

652-199 _____ ☐

b) Rechne geschickt.

541-538= _____ ☐   700-692= _____ ☐   902-892= _____ ☐

Die Lösungen findest du auf Seite 88.

Jede richtig gelöste Aufgabe zählt einen Punkt!

Erreichte Punkte: _____

★ 17

Male deinen Stern an:

0 bis 3 Punkte: rot ... Frag um Hilfe, wenn du diese Rechentricks verstehen willst.

4 bis 7 Punkte: silber ... Du weißt worum es geht! Mit mehr Übung werden die Fehler weniger.

8 bis 9 Punkte: gold ... Gratuliere! Du lässt dich auch von großen Zahlen nicht verunsichern.

Wiederholung: Vorteilhaftes Rechnen
4) Selbsttest

20. Zeig, was du kannst!

Sachaufgaben

1 Löse die Aufgaben mit den Preisen des Pferdeladens.

PFERDELADEN

Für das PFERD		Für den REITER	
Sattel	289 €	Reithose	29,90 €
Pferdedecke	79 €	Reitstiefel	39,90 €
Winterdecke	116 €	Reithelm	44,90 €
Halfter	54 €	Reithandschuhe	8,90 €

REITSTUNDEN
½ Stunde 15 €
1 Stunde 25 €

a) Vanessa kauft einen Sattel und eine Pferdedecke. Wie viel bezahlt sie?

b) Rudolf kauft ein Halfter. Er bezahlt mit einem 100-Euro-Schein. Berechne das Rückgeld.

2 AUFGABEN-WERKSTATT

Denke dir selbst eine Aufgabe zum Pferdeladen aus und löse sie.

Hole dir deinen Stern! **18**

3 Löse die Aufgaben mit den Preisen des Pferdeladens.

a) Wie viel kostet die Winterdecke mehr als die Pferdedecke?

b) Wie viel bezahlt Andrea für eine Reithose und Reitstiefel?

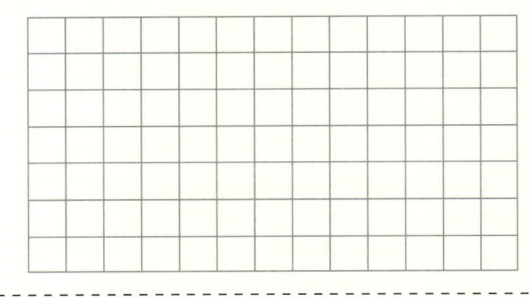

Die Lösungen findest du auf Seite 88.

Jede richtig gelöste Aufgabe zählt einen Punkt!

Erreichte Punkte: _____

Male deinen Stern an:

0 Punkte: rot ... Lass dir die Zeiten noch einmal erklären.

1 Punkt: silber ... Übe weiter und arbeite konzentriert.

2 Punkte: gold ... Perfekt! Du kannst Zeitmaße umwandeln und dein Wissen auch in Sachsituationen fehlerfrei anwenden.

Wiederholung: Sachaufgaben
3) Selbsttest

Subtraktion: Abziehverfahren

Abziehverfahren: Zehner entbündeln

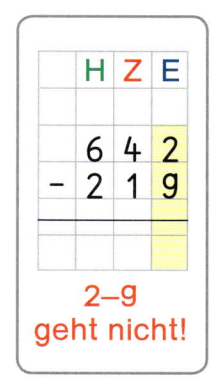

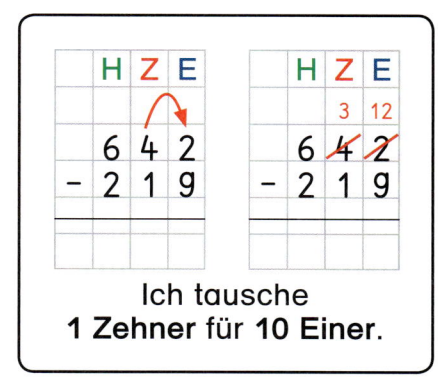

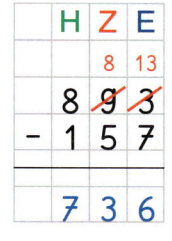

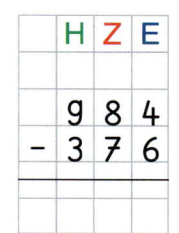

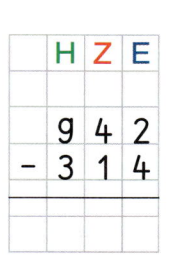

H Z E		H Z E	H Z E		H Z E	H Z E	H Z E
6 4 ~~2~~		6 4 2	3 12 6 4 ~~2~~		3 12 6 4 ~~2~~	3 12 6 4 ~~2~~	3 12 6 4 ~~2~~
− 2 1 9		− 2 1 9	− 2 1 9		− 2 1 9	− 2 1 9	− 2 1 9
					3	2 3	4 2 3
2−9 geht nicht!		Ich tausche 1 Zehner für 10 Einer.			12−9=3	3−1=2	6−2=4

1 Rechne und kontrolliere deine Lösungen.

H Z E
8 13
8 ~~9~~ ~~3~~
− 1 5 7
7 3 6

671 − 219

450 − 235

742 − 603

984 − 376

266 − 219

527 − 108

942 − 314

851 − 149

297 − 68

780 − 464

Lösungen:
47	139	215
229	316	419
452	608	628
702	736

2 Rechne und kontrolliere deine Lösungen.

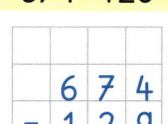

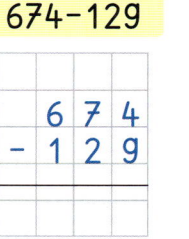

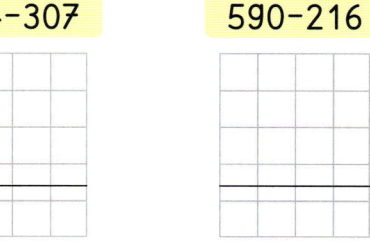

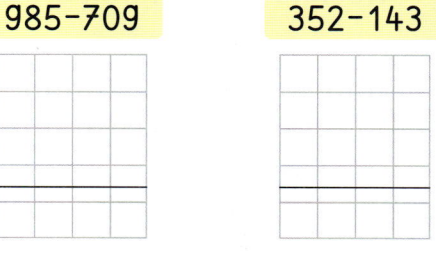

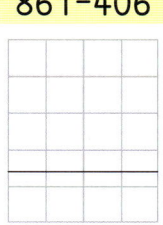

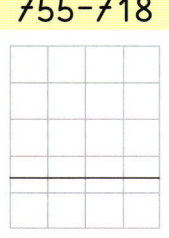

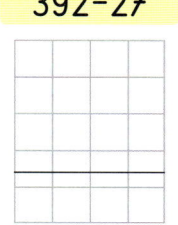

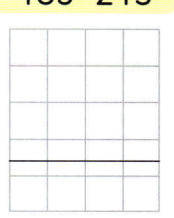

674 − 129

| 6 7 4 |
| − 1 2 9 |

824 − 307

590 − 216

985 − 709

352 − 143

861 − 406

755 − 718

392 − 27

483 − 215

Lösungen:
37	209	268
276	365	374
455	517	545

83

Subtraktion: Abziehverfahren

Abziehverfahren: Hunderter entbündeln

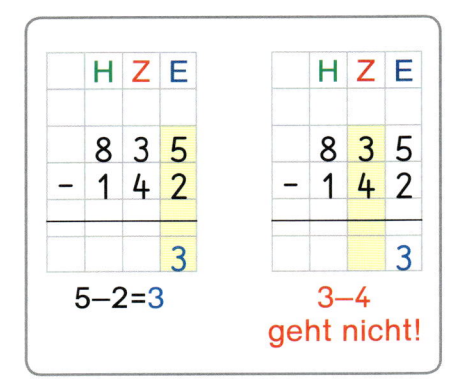

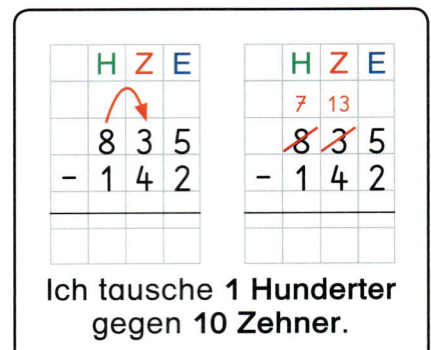

H Z E
8 3 5
− 1 4 2
3

5−2=3

H Z E
8 3 5
− 1 4 2
3

3−4 geht nicht!

H Z E
8 3 5
− 1 4 2

H Z E
7 13
8̸ 3̸ 5
− 1 4 2

Ich tausche **1 Hunderter** gegen **10 Zehner**.

H Z E
7 13
8̸ 3̸ 5
− 1 4 2
9 3

13−4=9

H Z E
7 13
8̸ 3̸ 5
− 1 4 2
6 9 3

7−1=6

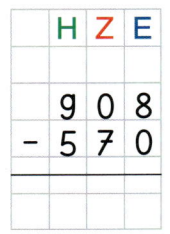

1 Rechne und kontrolliere deine Lösungen.

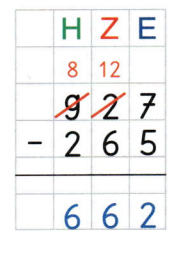

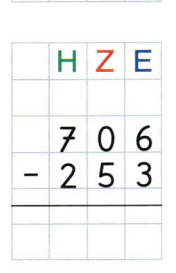

H Z E
8 12
9̸ 2̸ 7
− 2 6 5
6 6 2

H Z E
6 4 3
− 4 8 1

H Z E
8 0 6
− 3 2 5

H Z E
7 3 9
− 6 8 2

H Z E
5 5 8
− 1 9 4

H Z E
9 0 8
− 5 7 0

H Z E
4 3 8
− 1 9 2

H Z E
7 0 6
− 2 5 3

H Z E
9 1 6
− 5 2 6

H Z E
8 6 4
− 2 8 3

H Z E
6 2 7
− 5 4 1

Lösungen:
57 | 86 | 162
246 | 338 | 364
390 | 453 | 481
581 | 662

2 Bei diesen Rechnung musst du zweimal tauschen.
Rechne und kontrolliere deine Lösungen.

H Z E
6 11
1 15
7̸ 2̸ 5̸
− 1 6 8
5 5 7

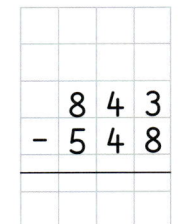

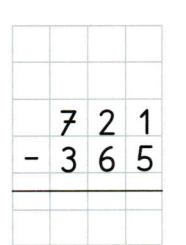

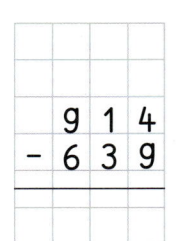

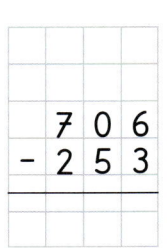

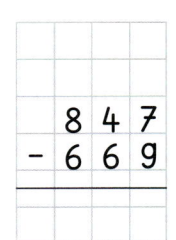

H Z E
9 1 4
− 2 8 5

H Z E
6 3 7
− 4 5 9

H Z E
8 4 3
− 5 4 8

H Z E
7 2 1
− 3 6 5

H Z E
9 1 4
− 6 3 9

H Z E
6 6 2
− 1 8 7

H Z E
7 0 6
− 2 5 3

H Z E
8 4 7
− 6 6 9

H Z E
9 2 0
− 4 3 5

H Z E
4 5 2
− 1 5 8

Lösungen:
178 | 178 | 275
294 | 295 | 356
453 | 475 | 485
557 | 629

Subtraktion: Abziehverfahren

Abziehverfahren: Mehrfaches Entbündeln

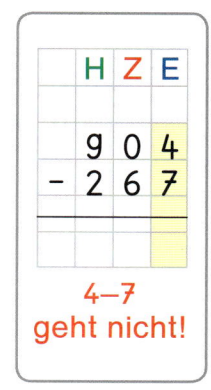

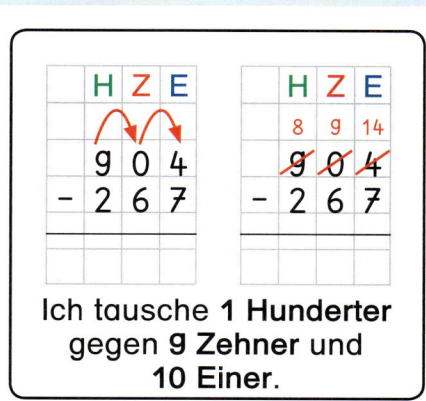

H Z E
9 0 4
− 2 6 7

4−7 geht nicht!

Ich tausche **1 Hunderter** gegen **9 Zehner** und **10 Einer**.

14−7=7   9−6=3   8−2=6

---

1 Rechne und kontrolliere deine Lösungen.

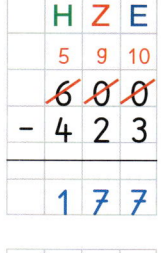

```
  5 9 10
  6̸ 0̸ 0̸         8 0 0         7 0 2         9 0 5         4 0 0         5 0 1
− 4 2 3       − 1 6 5       − 3 5 7       − 1 0 7       −   5 8       − 4 8 2
─────────     ─────────     ─────────     ─────────     ─────────     ─────────
  1 7 7
```

```
  9 0 1         7 0 0         4 0 0         6 0 3         8 0 2
− 3 1 6       − 6 2 4       −   3 7       − 2 4 8       − 4 0 9
```

Lösungen: 19 76 177 342 345 355 363 393 585 635 798

---

2 Löse die Aufgaben mit Ronnis Trick.

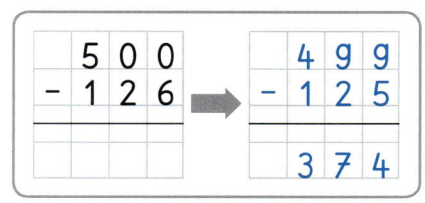

```
  5 0 0           4 9 9
− 1 2 6     →   − 1 2 5
─────────       ─────────
                  3 7 4
```

Ich nehme oben und unten 1 weg. Dann muss ich nichts mehr wechseln!

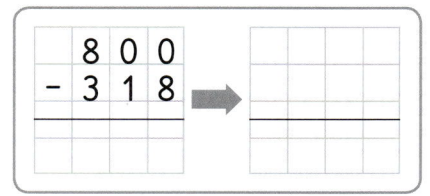

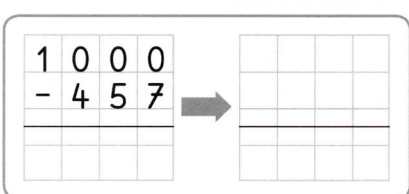

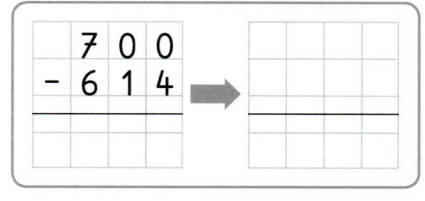

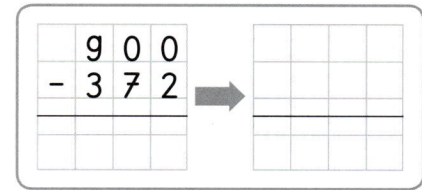

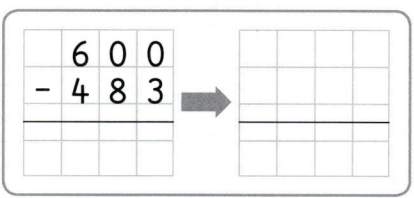

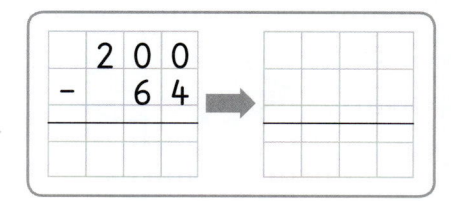

```
  8 0 0                    7 0 0                    6 0 0
− 3 1 8     →            − 6 1 4     →            − 4 8 3     →
```

```
  1 0 0 0                  9 0 0                    2 0 0
− 4 5 7     →            − 3 7 2     →            −   6 4     →
```

85

Lösungen – Hole dir deinen Stern!

Hole dir deinen Stern! — 1

Rechnen bis 100

Lösungen:

3a) 9   59   53
     65 57   24

3b) 30 50   8
     16 21   7

3c) 25 + 31 = 56
    A: Petra hat heute schon 56 Kugeln Eis verkauft.

Hole dir deinen Stern! — 2

Zahlen bis 1000

Lösungen:

3a) 240 920

3b) 200 400

3c) 699 540 746

3d) 200 650 900

Hole dir deinen Stern! — 3

Kopfrechnen bis 1000

Lösungen:

3a) 800 300 900
    930 570 500
    325 456 200

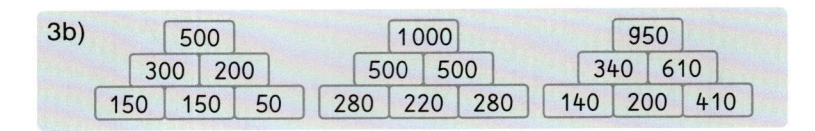

3b)
500			1000			950		
300	200		500	500		340	610	
150	150	50	280	220	280	140	200	410

Hole dir deinen Stern! — 4

Halbschriftliche Addition und Subtraktion

Lösungen:

3a) 878 416 226 3

3b) 941

3c) 209

3d) 285

Hole dir deinen Stern! — 5

Sachaufgaben

Lösungen:

4a) 251

4b) 225

4c) 119 + 79 = 198

Hole dir deinen Stern! — 6

Ebene Figuren

Lösungen:

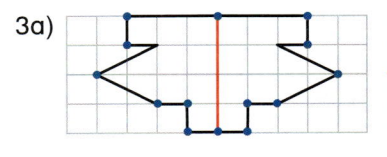

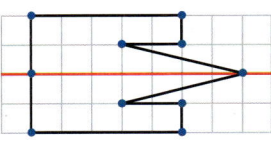

3a)

3b) 2 cm 4 mm   3 cm 7 mm   1 cm 6 mm

3c) 30 mm   285 mm

Lösungen – Hole dir deinen Stern!

Mal und geteilt

Hole dir deinen Stern! 7

Lösungen:

3a) 512   423   42   3b) 588   3c) 164   3d) 31

Längenmaße

Hole dir deinen Stern! 8

Lösungen:

3a) 4 km   3b) 280 m   43 m   3c) 435 cm   135 cm   16 cm

3d) 1,08 m   8,10 m   2,15 m   3e) 100 cm + 50 cm + 32 cm = 182 cm

Rechnen mit Geld

Hole dir deinen Stern! 9

Lösungen:

4a) 94   4b) 1,25 €   3 €   5 €   4c) 59 ct + 90 ct = 149 ct
200 ct – 149 ct = 51 ct

Schriftliche Addition

Hole dir deinen Stern! 10

Lösungen:

2a) 858   495   517   531
459   764   484   802

2b) 221   348   266
   + 475   +315   + 449
   ─────   ─────   ─────
    696   663   715

Körper und Wiegen

Hole dir deinen Stern! 11

Lösungen:

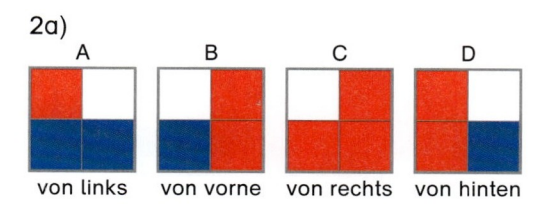

2a) A   B   C   D
von links   von vorne   von rechts   von hinten

2b) 90 g < 420 g < ½ kg < 608 g < 1 kg

2c) Es sind noch 470 g Grieß in der Packung.

Schriftliche Subtraktion

Hole dir deinen Stern! 12

Lösungen:

2a) 821   333   267   237   2b) 403   452   623   2c)   579
                                                             – 412
                                                             ─────
                                                               167

Lösungen – Hole dir deinen Stern!

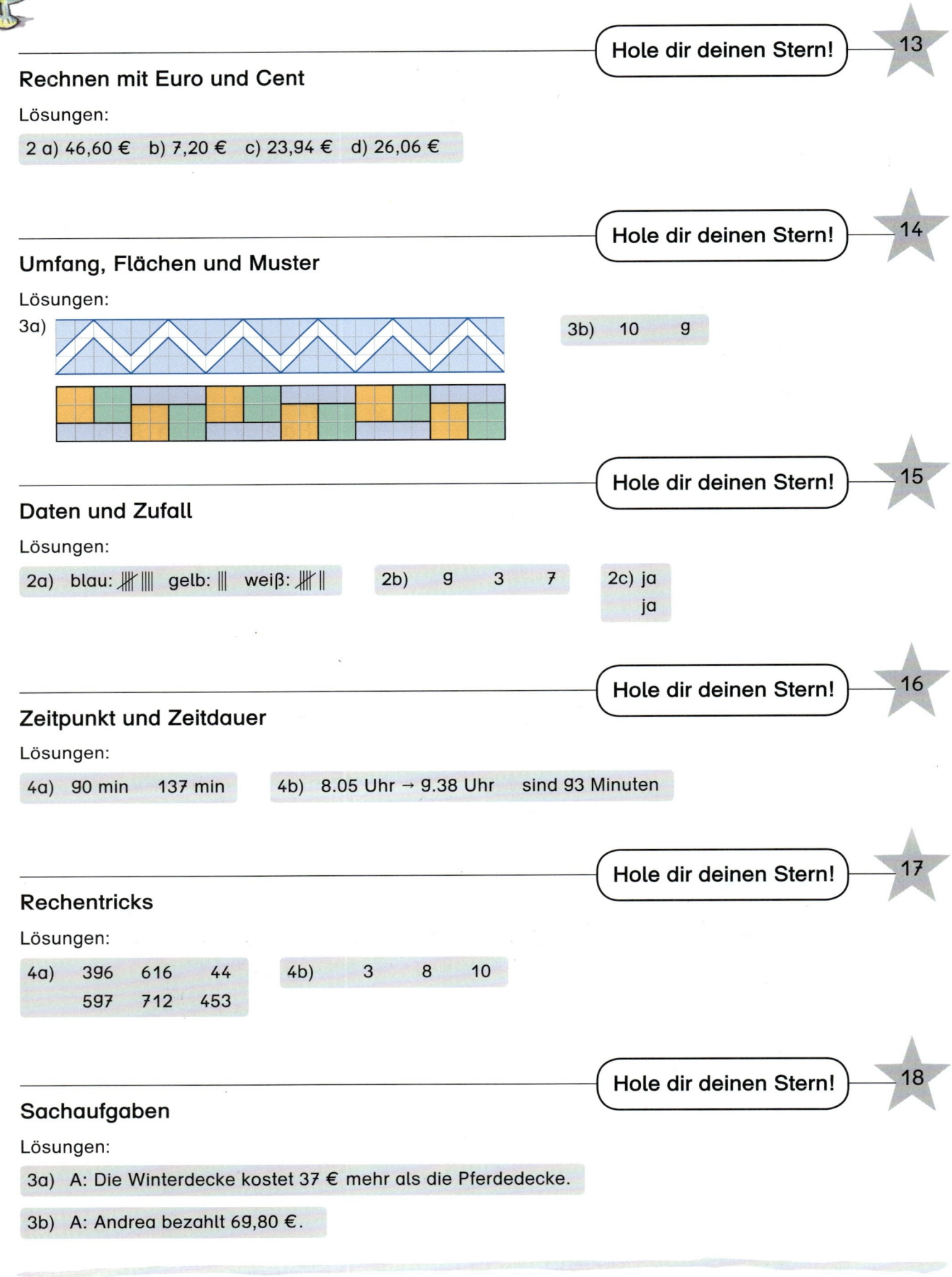

Hole dir deinen Stern! — 13

Rechnen mit Euro und Cent

Lösungen:

2 a) 46,60 €   b) 7,20 €   c) 23,94 €   d) 26,06 €

Hole dir deinen Stern! — 14

Umfang, Flächen und Muster

Lösungen:

3a) [Zickzackmuster und Flächenmuster]   3b) 10   g

Hole dir deinen Stern! — 15

Daten und Zufall

Lösungen:

2a) blau: |||| |||| gelb: ||| weiß: |||| || 2b) 9   3   7   2c) ja
                                                                       ja

Hole dir deinen Stern! — 16

Zeitpunkt und Zeitdauer

Lösungen:

4a) 90 min   137 min   4b) 8.05 Uhr → 9.38 Uhr   sind 93 Minuten

Hole dir deinen Stern! — 17

Rechentricks

Lösungen:

4a)   396   616   44   4b)   3   8   10
      597   712   453

Hole dir deinen Stern! — 18

Sachaufgaben

Lösungen:

3a) A: Die Winterdecke kostet 37 € mehr als die Pferdedecke.

3b) A: Andrea bezahlt 69,80 €.